Michela Porzio

Varia / Feltrinelli

Iole Mancini
Concetto Vecchio

Un amore partigiano

Feltrinelli

Prima edizione in "Varia" aprile 2022
Published by arrangement with Walkabout Literary Agency

Stampa Grafica Veneta S.p.A. di Trebaseleghe - PD

ISBN 978-88-07-49319-5

FSC
www.fsc.org
MISTO
Carta
da fonti gestite in
maniera responsabile
FSC® C021883

UN AMORE PARTIGIANO

Dedico questo libro ai miei nipoti
Maria, Sergio, Daniela, Francesca Romana,
tanto amati e sempre a me vicini.
Con amore, zia Iole

Prologo

Iole Mancini l'ho conosciuta il 25 aprile 2021 durante un servizio per il giornale che non volevo fare. Una donna di centodue anni con l'eleganza di un'indossatrice. È probabilmente l'ultima testimone di una delle pagine più terrificanti dell'occupazione tedesca a Roma: la prigione nazista di via Tasso, nella quale fu detenuta da partigiana. Alla fine di settembre del 1943 il palazzo, incastonato in una strada alle spalle di piazza San Giovanni, divenne il quartier generale della polizia di sicurezza nazista. I vani dell'ala sinistra, corrispondenti all'ingresso al civico 155, furono trasformati in una caserma che ospitava uffici e alloggi delle SS; quelli dell'ala destra, al numero 145, in un carcere. Il comandante della Gestapo, Herbert Kappler, fece murare le finestre. Gli appartamenti ora erano delle celle. Qui, nel tentativo di fiaccare la Resistenza, vennero rinchiusi e torturati più di duemila oppositori politici, partigiani, militari. Kappler voleva nomi, confessioni, indirizzi. La fama sinistra del luogo si diffuse rapidamente tra gli abitanti.

Adesso Iole mi ha raccontato tutto, con solennità precisa. La sua vicenda romanzesca m'interroga. È un giacimento di amori potenti e di dolori lancinanti dentro la temperie del Novecento, e questo rende il mio compito più difficile. Soprattutto sono troppe immagini in una sola volta. Sento l'urgenza di fare due passi.

È una sera leggera, la luce inonda la Garbatella, i bambini del quartiere formano una chiassosa fila davanti alla gelateria di fronte al liceo Socrate. M'inoltro lungo la Circonvallazione Ostiense fino al ponte ad arco, intitolato a Settimia Spizzichino, l'unica donna sopravvissuta al rastrellamento del ghetto ebraico di Roma. Iole mi ha preso per mano e mi ha condotto negli abissi, rifletto mentre torno indietro. Scriverne, certo. Ma come?

Davanti al bancomat di largo Fochetti m'imbatto in una coppia che sta litigando. "Non mi faccio trattare così," esclama l'uomo, un tizio bassino, con aria spaventata. La ragazza, di sfrontata bellezza mediterranea, lo sovrasta con un urlo: "Non succederà più. Le nostre strade si dividono qui. Tu sarai soltanto una persona che incontrerò nel corridoio".

Allungo il passo, turbato dal contrasto fra le grida allegre dei bambini e quelle dolorose dei due amanti. Chissà se Iole è contenta del suo destino, mi chiedo all'improvviso. È andata come aveva immaginato, oppure la sua vita, dopo l'esperienza estrema di via Tasso, si è volta in garbuglio? "Devi leggere come si esprime Rilke a proposito dei ricordi," mi aveva suggerito un giorno Corrado Stajano. "Nei *Quaderni di Malte Laurids Brigge* dice che non basta averli, bisogna avere la pazienza che tornino."

1.

Ernesto Borghesi e Iole Mancini si conobbero al mare, nell'agosto del 1937. "La favolosa estate del '37," sospira lei, e si reclina, nell'abbandono di quella memoria, sulla sedia.

"Non rammento più chi annunciò: 'È arrivato Ernesto'. Forse furono due ragazze sotto l'ombrellone accanto al nostro, lì alle Grotte di Nerone ad Anzio. Alzai gli occhi dal libro che stavo leggendo e fu così che lo vidi. Un giovane abbronzato, con il fisico da corazziere. Veniva verso di noi con il telo mare sulle spalle. 'Wow!' pensai. Potrei srotolare nella mente il suo sguardo enigmatico. Rivedo gli occhiali dalla montatura dorata, i capelli biondi ondulati, le mani dalle dita affusolate. Quando fu a un passo da me avevo già la testa affollata di domande."

Iole mi ha invitato a prendere un caffè a casa sua, alla Balduina. Siamo seduti uno di fronte all'altra e giriamo il cucchiaino nella tazzina. Sbircia il mio taccuino intonso, dispiegato sulla pagina bianca. Ci tastiamo cauti, da estranei. Sento che mi osserva con scettica curiosità. Stiamo per intraprendere un viaggio la cui destinazione ci è ignota. Tutto è ancora da fare e io non posso sbagliare la prima mossa, quella che decide il verso del cammino.

"È passato quasi un secolo," butto lì.

"Sì, ma non ho dimenticato nulla," risponde sicura.

Quell'incontro in spiaggia, dettato dalle circostanze imprevedibili dell'esistenza, dal caso che governa il nostro caos, rappresentò il bivio decisivo. "È come se fosse successo ieri," mi dice. "Ernesto studiava Medicina. Sapeva di essere bello e non faceva nulla per nasconderlo. Tuttavia, la sua consapevolezza era come mitigata dalla buona educazione. Questo apparente contrasto mi fu fatale."

Nell'agosto del 1937 il Duce del fascismo, Benito Mussolini, dominava l'Italia da quindici anni. Iole Mancini ne aveva diciassette ed era cresciuta nella retorica di Roma imperiale, del "vincere e vinceremo". Infuriava la guerra di Spagna, la prova generale della Seconda guerra mondiale, cui Mussolini volle partecipare inviando in sostegno al dittatore Francisco Franco migliaia di disoccupati meridionali. L'Europa stava precipitando lentamente verso la catastrofe e Iole era soltanto una ragazza in villeggiatura. Le vacanze lunghe di allora. Un mese e più a fare i bagni, in compagnia della mamma, della sorella Vittoria e di Livio, il più piccolo dei suoi fratelli.

"Ernesto quella mattina era venuto dai nostri vicini di ombrellone. Vivevano a Prati, nei pressi di viale Angelico, e avevano un figlio, Memmo, pure lui studente in Medicina. Non ne ricordo ora il cognome," aggiunge. Ci pensa un po', indispettita dallo smarrimento. "Ernesto quindi si aggregò a noi nelle conversazioni sul bagnasciuga. Come parlava bene. 'Scrive pure poesie,' disse Memmo, con malizia. Una mattina Memmo, che era giocherellone, mi spinse la testa sotto l'acqua. Mi ribellai. 'Lasciala in pace!' gli urlò Ernesto. Lo guardai con gratitudine. Il suo sorriso m'incenerì. 'Non sorride spesso,' pensai tra me e me."

Era un'Italia ignara di quel che l'attendeva. "Le vetrine della Rinascente," racconta Leo Longanesi in *In piedi e seduti*, "presentano i nuovi costumi da bagno Jantzen, la folla va al mare, il conte Ciano gioca al golf, si canta *Sombre Di-*

manche, si balla il *Lambeth walk*, e il segretario del Partito, in stivali e speroni, esce in bicicletta nelle vie di Roma." Poi l'estate lentamente declinò, gli uomini tornarono in città per riprendere le loro occupazioni, lo stabilimento si svuotò. Rimasero le mamme con i figli. I ragazzi di Prati e dei Parioli sul far della sera si ritrovavano nelle hall degli alberghi per ballare. Risuonavano le canzoni del Trio Lescano: *Signorina Grandi Firme / con il tuo stile Novecento / hai portato un turbamento / in ogni cuor.*

Ernesto non amava danzare. Preferiva leggere. O guidare i pedalò al largo, fin verso la luce del Circeo. Lì, in mare aperto, iniziò a guardare Iole con insistita curiosità.

La interrogò. "Dove abiti?" "Che scuole hai fatto?" "Che libri leggi?"

"Cercava sempre di starmi vicino. S'interessava a me," dice Iole con aria trionfante.

Ernesto aveva diciannove anni. Era nato il 25 novembre 1917.

"Com'eri da giovane?" chiedo a Iole.

"Una bella figliola," risponde. "Però non sapevo cosa fosse l'amore. Non ero mai stata innamorata. Non conoscevo il sentimento. Fino ad allora mi ero imbattuta solo in spasimanti insignificanti. Ometti che mi arrivavano alle spalle. Alcuni baroni avevano chiesto la mia mano a papà. Piacevo perché avevo un portamento signorile. Nella mia fantasia un uomo doveva essere un marcantonio. Avrei voluto che avesse anche gli occhi azzurri, ma un pretendente con gli occhi azzurri non mi è mai capitato, neanche Ernesto li aveva. C'era il figlio del pollivendolo sotto casa che spasimava per me. Era gente ricca. Possedevano un intero palazzo in una traversa di via Frattina. Mi fece una corte serrata. 'Puzza di pollo,' tagliai corto. Qualche tempo dopo si sposò con una mia compagna di scuola. Per sgarbo il giorno del matrimonio volle passare con la carrozza in piazza Mignanelli, proprio sotto la finestra della mia stanza. Era stupido."

Da una scatola tira fuori una foto di lei al mare e me la porge. "Questa è scandalosa," chiosa divertita. Filiforme, con gambe da pin up che il costume mette in risalto, Iole vi figura come nelle tante istantanee che avrò modo di vedere: con un sorriso trattenuto. "Mia madre intuì che tra me ed Ernesto era sbocciato un idillio. Papà volle conoscerlo. Tutto è cominciato quell'estate ad Anzio," dice. E richiude la scatola.

Anche adesso è estate e Iole estrae dal cassetto un'agendina consunta, vecchia di decenni, dove segna i numeri di telefono con una grafia larga e antica. Mi chiede il mio recapito e lo scrive alla lettera C. Quindi si gira verso un'immagine che la ritrae con Ernesto. È appesa alla parete alle sue spalle ed è stata scattata in un giorno d'inverno, all'interno di un giardino romano. Iole esibisce vezzosa la moda dell'epoca. Tutto è abbinato, il cappellino fa pendant con il tailleur chiaro. "Eccolo lì, il mio eroe," dice, puntando il dito su Ernesto. Si è alzata per osservarne meglio il ritratto. Lo fissa come si ammira un quadro in un museo, con le braccia conserte sulla schiena. Ernesto è intabarrato in un cappotto e tiene in mano un cappello.

Squilla il telefono.

"Rispondi tu," mi intima.

Non mi va di farlo.

Insiste, con un gesto della mano.

"È Maria, tua nipote," le spiego.

"Dille che la chiamo dopo."

"C'è qualche problema?" mi domanda Maria, stupita della mia presenza.

"No," rispondo. "Stiamo chiacchierando."

Non sembra convinta.

Metto giù la cornetta e Iole sta ancora ammirando la foto, dimentica di sé.

"Nella delusione mi sono buttata a capofitto nel lavoro," mormora.

Non capisco bene. A quale delusione esattamente fa riferimento? Non oso chiederglielo. Le ho appena dato il mio numero di cellulare.

2.

Qualche giorno dopo vado al Museo storico della Liberazione in via Tasso. Voglio vedere la prigione nazista. Non so bene cosa aspettarmi. La strada è un budello anonimo. C'è solo un bar in fondo alla via, all'imbocco che conduce alla metro Manzoni. Accanto al museo si trova la sede di un patronato. Alcuni immigrati stanno facendo la fila con dei fogli in mano. Nell'edificio attiguo c'è – c'era anche allora, durante la guerra – una scuola: l'istituto paritario Santa Maria. Rimbombano le voci degli alunni che si rincorrono durante la ricreazione. Dal sito dell'istituto apprendo che tra gli studenti illustri vi figurano Corrado Augias e Nino Manfredi. "Dal Santa Maria io so' stato cacciato," dice il grande attore nel documentario girato dal figlio Luca.

In *Roma clandestina*, scritto da Fulvia Ripa di Meana, nel 1945, leggo: "Al numero 155 una casa moderna spicca tra le altre. Destinata a ospitare nei suoi numerosi appartamentini piccole famiglie borghesi, e a custodire la tranquilla intimità di tanta gente, il palazzo è stato invece prescelto dalla Gestapo per dare degna dimora alle sue crudeltà e ai suoi misfatti".

Mi guardo intorno. È uno stabile d'architettura novecentesca di cinque piani, che dall'esterno si fatica a immaginare che possa essere stato un luogo di torture. Inizialmente fu la sede culturale dell'ambasciata tedesca a Roma, poi ospitò l'Ufficio di collegamento con la polizia italiana e infine, con l'inizio dell'occupazione nazifascista, divenne la dimora dell'Aussenkommando Rom der Sicherheitsdienstpolizei und des SD, la polizia di sicurezza. La sicurezza di un ordine sfuggito alla ragione umana. L'interno venne quindi diviso in due ali: da una parte gli uffici, dall'altra le prigioni. Le due zone comunicavano tramite un corridoio ricavato fra le abitazioni del primo piano. Da una porticina nel muro di cinta si accedeva al giardino interno, da cui si entrava in una palazzina adibita a mensa degli ufficiali. Era un passaggio segreto che consentiva ai delatori di consegnare, non visti, le loro denunce contro i partigiani.

Sulle scale del museo mi accoglie Modestino De Angelis, novant'anni. È il figlio di un internato, Gerardo De Angelis, uno sceneggiatore rinchiuso per venti giorni nel febbraio del 1944. "Non ho mai voluto sapere in quale stanza," mi avverte subito Modestino, facendomi strada all'interno. Entriamo in una cella. Spazi squadrati dalle finestre murate. Cerco di immaginarmi questo posto nella Roma livida dell'inverno del 1943. Uomini e donne ammassati come bestiame. Stridere di chiavi contro la porta della cella. Mani gonfie per i geloni. Ore appiattite. Alle cinque della sera è già buio. C'è un unico bagno per piano, a cui si accedeva non secondo i bisogni, ma seguendo le regole del lager: la mattina e la sera. Per sommo disprezzo degli ospiti i gabinetti erano stati privati delle porte, l'intimità dei bisogni corporali resa pubblica. Come in un film distopico, i nazisti erano arrivati e avevano incarcerato la città, sottoposta alle leggi della disumanità.

Alcuni dei prigionieri finirono uccisi alle Fosse Ardeatine, come si evince dalla cella numero due al secondo piano. Tra loro c'era il padre di Modestino. Era socialista, aveva quattro figli. Originario di Taurasi, in provincia di Avellino, fu tra i primi a organizzare la Resistenza a Roma con il gruppo di "Pensiero e Azione". Tradito da una spia, venne arrestato il 10 dicembre 1943 in un locale nei pressi di piazza Barberini, mentre era in corso una riunione clandestina. Lo condussero a Regina Coeli, e poi in via Tasso. Sottoposto alle più feroci sevizie, non rivelò i nomi dei compagni.

Saliamo al secondo piano. C'è la stanza dove venne rinchiuso, e orribilmente torturato, per due mesi Giuseppe Cordero Lanza di Montezemolo, il colonnello che dopo l'8 settembre abbandonò l'esercito per guidare il Fronte della Resistenza. Racconta Corrado Augias ne *I segreti di Roma*: "Mio padre faceva parte della Resistenza e militava nella banda del colonnello Montezemolo. Io ero stato messo al riparo in un collegio cattolico (il Santa Maria), confinante in parte con il retro della palazzina di via Tasso. Ancora oggi, a distanza di anni, ho il netto ricordo delle urla che talvolta rompevano il silenzio della notte e arrivavano sorde fin dentro il nostro dormitorio".

Le urla atterrivano nottetempo i ragazzi, mentre di giorno quelle degli alunni giungevano distintamente nelle celle dei prigionieri. Iole le sentiva. Quei suoni allegri rendevano più lancinante la sua nostalgia, esasperando il senso di impotenza provocato dalla reclusione. I bambini ridevano correndo e Iole piangeva.

Solo un filo d'aria entrava da un buco, coperto da una grata di ferro, scavato nel muro quasi a livello del pavimento. Non filtrava luce. Ogni tanto dallo spioncino posto sul battente della porta la guardia, di turno sul pianerottolo, osservava i movimenti all'interno della stanza. Non c'era null'altro da fare se non stare seduti nell'oscurità. Nella cella al terzo piano un detenuto scrisse sul muro: "Ho resistito, ma è stata dura!". Vi fu recluso, tra gli altri, anche Giuliano Vassalli, futuro ministro socialista. Incise con l'unghia il proprio nome, convinto che non ne sarebbe uscito vivo. Su un'altra parete un prigioniero fece rapido testamento: "Lascio la cura di tutti i miei interessi a Claudio e Riki, in attesa che torni mamma o, voglia Iddio, papà o io stesso".

Al primo piano c'era l'Ufficio matricola, la porta d'ingresso nella prigione. I primi interrogatori si svolgevano negli uffici di Kappler. Legnate. Pugni nei fianchi. Ceffoni. Velenose blandizie. Quelli che dovevano parlare a ogni costo, racconta in un libro Guido Stendardo, il direttore del museo negli anni sessanta, "venivano introdotti a calci e spintoni in una stanza, dove per terra e alle pareti si notavano gli oggetti più strani: catenelle di ogni grossezza, uncini, mazzuoli e martelli di legno snodati e restringibili mediante una grossa vite, fruste, bacinelle di varie misure, bottiglie contenenti corrosivi, corde metalliche, lunghe circa venti centimetri, terminanti alle estremità con robusti anelli, punteruoli di varie dimensioni, corde pendenti da anelli fissati al muro, presso il soffitto e muniti di carrucole: una lunga serie di attrezzi, insomma, atti a procurare le più svariate e crudeli torture". I prigionieri erano tenuti con le mani legate dietro la schiena, e i polsi erano stretti da sottili cordicelle che formavano solchi profondi, destinati a esitare in ferite purulente.

Nel suo diario, *La morte ha bussato tre volte*, il capitano Giovanni Solinas, arrestato il 25 ottobre 1943, rievoca così il suo primo interrogatorio: "Il maresciallo mi sollevò e mi appese – non rabbrividite, appendere è l'unico termine appropriato per quell'operazione – a un paletto di ferro fissato nel muro: le braccia sollevate sulla testa, i piedi che non toccavano per terra, erano le mani legate dalla cordicella che reggevano tutto il peso del corpo; era la cordicella, resistentissima, che mi reggeva, e mi segava i polsi, mi tagliava la pelle, penetrava nelle carni, ma non si spezzava, non la intaccava il continuo strofinio sul ferro con il quale era a contatto. Non appena mi trovai in quella strana posizione, nonostante il dolore che cominciava a tormentarmi, non potei fare a meno di pensare: 'Ora mi attaccheranno un cartellino con il prezzo e mi venderanno senza tessera: coscia, lire 30, spalla lire 28, frattaglie alle trattorie...'".

Nella stanza delle ordinanze delle autorità nazifasciste sono affissi i bandi germanici, con gli inviti ad arruolarsi. La Germania aveva bisogno di braccia. "Non presentatevi!" recita un manifesto del Fronte della Liberazione rivolto ai giovani delle classi 1922, 1923, 1924, 1925. Sottrarsi in tutti i modi al gioco nazista. "Genitori! Rendetevi conto che la minaccia che sovrasta i figli se si arruoleranno nel cosiddetto esercito repubblicano è più grave di qualunque altra: essi serviranno da carne da cannone per la Germania hitleriana e dovranno combattere contro i propri fratelli sotto le pistole delle SS!" I tedeschi ordinarono di consegnare armi e munizioni. "Chi non obbedirà a codesto ordine di consegna sarà punito con la morte." L'ordinanza bilingue del generale Albert Kesselring stabiliva che "il territorio dell'Italia a me sottoposto è dichiarato territorio di guerra. In esso sono valide le leggi tedesche di guerra". In un comunicato del 25 gennaio 1944, all'indomani di un attentato partigiano, i nazisti offrirono una cifra enorme, duecentomila lire, "a chi fornirà elementi che permettano di catturare i colpevoli".

Mi ritrovo dinanzi all'elenco delle donne detenute. Scorgo il nome di Iole Mancini. "Data di cattura: 25 maggio 1944. Moglie del partigiano Borghesi. Cella 22." Mi piacerebbe salirci, ma la cella 22 si trova in un'ala che non appartiene più al museo. Anche qui donne ammucchiate per terra. Fino a trenta persone per volta. Private di carta igienica, di assorbenti, senza lenzuola né coperte, come giaciglio uno stretto spazio sul freddo pavimento. Fetore di morte, come di cadaveri in putrefazione. Ogni giorno veniva servita una sbobba che sapeva di acido fenico. Le nuove arrivate non la mangiavano, in preda alla nausea alla sola vista, ma dopo qualche giorno cedevano anche loro. "La fame era paurosa," leggo in una testimonianza di una detenuta, Carla Angelini. "E noi mangiavamo la razione delle compagne appena arrivate." Cerco di scacciare l'immagine come si caccia via una mosca fastidiosa. La mosca riprende a ronzare. L'immagine torna a galla come il torsolo di cavolo nella sbobba nazista.

Prima di venire qui sono entrato in libreria e ho comprato *Non ho parlato*, il memoir di Angelo Ioppi, il brigadiere dell'Arma, passato dopo l'8 settembre al Fronte clandestino di Resistenza dei carabinieri. Venne sorpreso dopo un atto di sabotaggio compiuto alla stazione ferroviaria di Roma-Nord. Era lì con la figlia di sedici anni. Condotto in via Tasso, fu interrogato per ventisette volte. Sopravvisse non so come. Quando finalmente arrivarono gli Alleati, lo ricoverarono in ospedale, dove rimase per mesi. Suo figlio aveva timore ad abbracciarlo, perché sentiva che il papà si sarebbe sbriciolato solo a sfiorarlo. La cartella clinica elencava tre costole rotte, emorragie e lesioni interne per colpi allo stomaco, un ginocchio fratturato, un occhio cieco in seguito a trauma cranico, piedi ustionati con unghie asportate, sordità, dopo che l'orecchio era stato forato da uno spillone, denti estratti con tenaglie da meccanico e conseguente deformazione della bocca. Nemmeno Angelo Ioppi tradì i suoi compagni.

Penso a uomini come lui quando metto piede nella stanza dei manifesti di propaganda clandestina, quelli dei partigiani, con i loro accorati appelli a battersi, a sabotare i nazisti. "Vogliamo mangiare!" trovo scritto in un foglio affisso su una parete. È del primo febbraio 1944. "Il saccheggio praticato dai tedeschi ci ha ridotto alla fame. Manca il pane, manca la pasta, non si distribuiscono più i grassi, non c'è la carne, non c'è più neanche la verdura. Donne romane, fra qualche giorno voi non saprete che cosa dare ai vostri bambini. Sopporterete voi di sentirli piangere per la fame? Recatevi in massa alle delegazioni municipali ed esigete la distribuzione dei generi alimentari. Impedite che i tedeschi saccheggino il poco che ancora resta nei nostri magazzini. Assalite i loro camion che trasportano alimentari e impossessatevi del loro contenuto." Firmato: I comunisti. A sormontare i manifesti, c'è una grande foto di Pio XII tra i romani dopo i bombardamenti. È una scena potente. Il pontefice è colto di spalle, con le braccia allargate, davanti a una moltitudine di facce stravolte. Sguardi increduli che sembrano chiedersi: "Ma Dio dov'è?".

3.

Poteva risolversi in un amorazzo estivo, quello tra Ernesto e Iole, una di quelle passioni da ombrellone che il primo acquazzone di settembre poi provvede a spazzare via.

"Invece una domenica mattina, poco dopo il ritorno in città, Ernesto si presentò a casa nostra. Quando gli aprii, vidi che teneva nella mano sinistra un vassoio di marron glacé e nella destra dei fiori appena colti. A mamma piacque perché a tavola spazzolò con voracità la pasta all'uovo che lei aveva preparato con meticolosa cura: tagliatelle impastate con le proprie mani, condite con il sugo di carne. Per secondo servì delle fettine di pollo impanate, con contorno di insalata. Papà lo soppesò in silenzio. Solo al momento del dolce gli fece delle domande sui suoi studi. Ernesto superò l'esame. Tornò altre volte. Nell'autunno del 1937 ci fidanzammo in famiglia. Siamo stati fidanzati per sette anni senza aver mai fatto l'amore una sola volta."

"Mai una volta?" la interrompo, smettendo per un attimo di prendere appunti.

"Mai," risponde. "L'avremmo voluto entrambi, però all'epoca si usava così."

"Sette anni," ripeto per dare forza alla mia incredulità.

Iole scrolla le spalle e si tocca la collana di perline che le cade sulla camicetta con i garofani rossi.

"Abitavamo in piazza Mignanelli, lo slargo accanto a piazza di Spagna. Ernesto invece viveva in via Arno 38, nel quartiere Trieste. Veniva a trovarmi in bici. Mio padre, Tullio Mancini, nativo di Ferentino, gestiva un garage ricavato sotto la nostra abitazione. Lavorava anche come autista e istruttore di scuola guida. Mia madre, Giuseppina Roncaccia, era cresciuta a Grottaferrata, ai Castelli romani, in una famiglia di coltivatori. Faceva la casalinga. Nei primi sette anni di matrimonio ebbero quattro figli: Ostilio nel 1913, Renzo nel 1915, Vittoria nel 1917, e poi io, che sono nata a Nemi il 19 febbraio 1920. Non c'era ancora il fascismo e da poco più di un anno era finita la Prima guerra mondiale. Nel 1928, infine, arrivò Livio.

"Papà mi lasciò libera di proseguire gli studi. L'importante era che non m'impiegassi come segretaria. 'Sono tutte ragazze poco serie,' ripeteva. Era convinto che fosse un lavoro che implicasse automaticamente una relazione clandestina con il titolare. 'Quelle lì...' le chiamava. Non volevo rinchiudermi in un ufficio, sognavo di fare la sarta. Ogni mattina passavo per via Condotti, la strada più elegante di Roma, e ammiravo le vetrine dei negozi di abbigliamento che esponevano l'ultima moda. Una mattina mi soffermai con particolare piacere davanti a una boutique. La titolare, una signora curata, se ne avvide, uscì sul marciapiede e a bruciapelo mi chiese: 'Le piacerebbe fare l'indossatrice?'. Raccontai l'episodio a mio padre. 'Tu sei matta!' chiuse il discorso. Una figlia indossatrice per lui era più disdicevole di una segretaria.

"Papà m'insegnò a ballare. Da ragazzo era scappato due volte dal collegio, dove i suoi lo avevano rinchiuso nella speranza vana che studiasse. Aveva uno spiccato talento per i motori. Era capace di smontare e rimontare una macchina in poco tempo, con la nuda tecnica dei pionieri. Dominato da un'inquietudine che lo induceva a non stare mai fermo, a ventiquattro anni volle emigrare in America. Stava già con mamma, eppure partì lo stesso. Era il 1911. S'imbarcò sul piroscafo da Napoli, in terza classe, i viaggiatori erano stipati come sardine, il mare si rivelò agitato per giorni, ne ebbe un malessere acuto, vomitò più volte. Approdò nei pressi di Boston, dove un medico originario di Ferentino gli offrì un posto come autista.

"Questa è la tessera di papà autista negli States," dice Iole. "C'è scritto: 'State Board of Public Roads Rhode Island Motor Vehicle Register. This certifies that Mancini Tullio resident no 19 Piedmont Street Providence'.

"Nell'inverno americano si gelava. Papà si comprò una pelliccia d'orso per ripararsi dal freddo. L'America gli piaceva, ma voleva mamma accanto a sé. Le scrisse una lettera chiedendole di raggiungerlo. Voleva sposarla per procura. Suo suocero Anacleto, produttore di vini dei Castelli, si oppose: 'Se la vuoi, te ne torni qui'.

"Questa è mamma prima di sposarsi. Bella e semplice," dice Iole mentre mi mostra una foto.

"Mio padre quindi tornò e non volle più sentir parlare dell'America. Si sposarono nella basilica del Sacro Cuore, in via Marsala, vicino alla stazione Termini. Era il 1912. Il primo lavoro lo trovò in un albergo del centro. Faceva da autista ai ricchi clienti, perlopiù stranieri. Vivevano lì, nell'alloggio messo a disposizione dall'hotel. Poi fu assunto dal principe Odescalchi, che lo volle come autista privato e gli offrì un appartamento in un'ala del palazzo. Il principe era amico dell'onorevole Erminio Sipari, più volte deputato del Regno d'Italia, sottosegretario alla Marina prima dell'avvento del fascismo, che papà scarrozzò spesso in giro. Questi lo prese in simpatia. Sipari, ambientalista, fu il primo presidente del Parco nazionale dell'Abruzzo, la sua famiglia veniva da Pescasseroli ed era cugino di Benedetto Croce. Così papà finì per fare da chauffeur anche al grande filosofo. Scoppiò la Prima guerra mondiale, ma mio padre venne scartato per un lieve difetto che gli impediva di allungare il braccio sinistro. Sipari gli offrì di trasferirsi a Pescasseroli per avviare lì un servizio pubblico di taxi. Era un affare, si potevano realizzare ingenti guadagni. Con mamma lasciarono il palazzo degli Odescalchi e si spostarono con Ostilio in Abruzzo dove sono poi nati Renzo e Vittoria.

"Questo è papà, vedi che macchinoni guidava?" dice Iole, tirando fuori dal mazzo un'altra istantanea.

"Quando si diffuse la spagnola, nel 1918, mamma contrasse la malattia. Si ammalò così seriamente che si temette per la sua vita. Papà mollò l'attività e ricominciò da capo a Nemi, in provincia di Roma, nella convinzione che lì il clima fosse più salubre. A Nemi la mamma guarì.

"Un'altra volta il trasferimento fu dovuto al fatto che i fascisti, per dispetto, gli avevano requisito le auto. Siccome si rifiutava di prendere la tessera, fu soggetto a pressioni fino a perdere parte del suo parco macchine. Papà preferì cambiare di nuovo paese e andò a Ferentino, dove si mise a impartire lezioni di guida ai paesani quando i ricchi andavano ancora a cavallo. Tutti noi fratelli siamo nati così in paesi diversi. Mamma non piantò mai storie e seguì il marito nelle sue peregrinazioni. È stata una vera santa. Ho frequentato le elementari a Ferentino, in Ciociaria, le medie a Roma in una scuola in via Sant'Agata dei Goti, all'angolo con via Panisperna, dietro la Banca d'Italia, e le scuole professionali Margherita di Savoia nello stesso complesso delle medie. Quando papà nel 1928 aprì il Garage Mignanelli avevo otto anni, e Mussolini era al potere da sei. La sua popolarità era già molto alta. Francamente non so come abbia fatto mio padre a barcamenarsi in un'attività che imponeva continui contatti con le autorità.

"I Borghesi erano di una classe sociale superiore alla nostra. Il padre di Ernesto, Giovanni Federico, ragioniere commercialista di fede socialista, era amico personale del leader di partito Pietro Nenni. Si era inurbato da Lanuvio. Poteva contare su parentele importanti, il famoso tenore Giacomo Lauri Volpi era suo cugino. Aveva conosciuto la moglie, Elena Verzoni, una maestra ligure, un giorno sul treno per Roma. Il fascismo fu feroce anche con mio suocero. Siccome rinunciò ad affiliarsi, il regime gli fece perdere il lavoro di contabile nelle Ferrovie. Gli tolse il diritto a occupare una villetta in cooperativa a Monte Sacro. Ma lui non si perse d'animo: mise su un'attività di consulenza privata e proseguì per la sua strada. Con la moglie si trasferirono in via Arno. Avevano un'altra figlia, Emma, della mia età.

"Con Ernesto non sono mai uscita una volta da sola. C'era sempre con noi quel paravento di mio fratello Renzo," continua Iole. "Anche al cinema, dove si entrava pagando un biglietto di cinque lire, ce lo ritrovavamo tra i piedi. Renzo mi accompagnava persino alle feste danzanti che la domenica pomeriggio davano all'Hotel Plaza in via del Corso. L'orchestrina suonava lo swing e noi al centro si ballava. D'inverno Ernesto mi portava in una pasticceria di via del Lavatore, che faceva delle sfogliatelle squisite. Nelle giornate più soleggiate si saliva sul Pincio, da dove attendevamo insieme che il tramonto tingesse di rosso la città laggiù, oltre la cupola di San Pietro. Nella bella stagione facevamo delle uscite ai Castelli, oppure si andava al mare, a Ostia, a Fregene, in macchina con papà. Ernesto era pieno di attenzioni. La domenica, quando veniva da noi a pranzo, si presentava sempre con un vassoio di leccornie. E a me regalava una poesia, che mi declamava sul divano, dopo mangiato, quando gli altri si abbandonavano alla pennica. È stato un fidanzamento bellissimo.

"Eravamo però come ibernati dal fascismo. Non si discorreva tra noi di politica. Non parlarne mai a tavola era il modo di mio padre di manifestare il suo dissenso. Alle adunate noi studenti dovevamo indossare le divise delle piccole e giovani italiane, e ce le facemmo sempre prestare, perché i miei non le vollero mai acquistare. Mi annoiavo mortalmente a quelle cerimonie pompose, durante le quali la retorica fascista prorompeva nella sua vacuità, però erano obbligatorie, pena una sanzione sulle pagelle. L'unico conforto ci veniva dal sapere che, dopo le stupide marce cui ci costringevano, ci avrebbero dato in premio un maritozzo e una stecca di cioccolato.

"Mi ero diplomata nel 1936. Terminate le scuole, cominciai a lavorare in casa, come sarta. Mia sorella Vittoria, modista, mi dava una mano. Iniziai a collaborare con una bottega gestita da due mie ex compagne di classe, Lina e Rosina, che avevano aperto un laboratorio in via Veneto. Da subito si erano ritrovate con una clientela di persone facoltose, che abitavano in zona. Ho sempre lavorato tantissimo. C'era da impazzire sotto le feste, a Natale e a Pasqua, perché tutti pretendevano il vestito nuovo per fare bella figura con i parenti e noi dovevamo rispettare i tempi delle consegne. Nei negozi provavo vestiti e cappelli, mi facevo ispirare da quel che vedevo, Vittoria prendeva nota e, una volta a casa, li confezionavamo insieme.

"Poi, il 10 giugno 1940, dal balcone di piazza Venezia Benito Mussolini annunciò l'entrata in guerra. Ricordo che si diceva che sarebbe durata poco, che avremmo vinto in fretta. In molti prevaleva persino una sorta di euforia. Tuttavia, non amavano i tedeschi e sentivano l'alleanza con il nazismo come qualcosa di innaturale. Avevo vent'anni, e istintivamente avvertivo che la mia vita rischiava di procedere in una direzione opposta a quella che avevo fin lì desiderato. La guerra era l'imprevisto. Ernesto rallentò gli studi, lo mandarono a fare il servizio di leva a Firenze, da dove, ogni giorno, mi inviava una cartolina."

Iole ha conservato anche quelle. Sono cartoline illustrate dell'esercito italiano, con disegnini buffi di soldati sormontate invariabilmente da una scritta. In una leggo: "*Fugge il nemico, messo alle strette. Gridan dai monti le eroiche vedette*". Sono tutte indirizzate alla "Gent.ma signorina Iole Mancini", piazza Mignanelli 7. Era laconico. Scriveva: "Meno 13". "Meno 12." "Meno 10." "I giorni che mancavano alla licenza," chiarisce Iole. "Non c'era bisogno di tante chiacchiere." In una però trovo scritto: "Ernesto ti ama".

4.

"Perché guardi l'orologio?" mi chiede indispettita Iole.

"Ho ricevuto un messaggio dal mio caporedattore, devo scappare."

"Ma sei sempre affaccendato."

"Ti chiamo domani," le prometto.

Infilo di corsa il taccuino e la penna nello zaino.

"*Pisciampressa!*" mi grida mentre chiudo la porta alle mie spalle.

Ernesto e Iole furono partigiani nella Roma occupata dai nazisti, tra l'8 settembre 1943 e il 4 giugno 1944. Anche questa volta va stabilita una cornice – la grande storia – in cui incastonare quella minuta. La loro, mi accorgo presto, è già la grande storia, e questo mi mette in difficoltà. Ho comprato in libreria tutto quello che ho trovato sulla Resistenza nella Capitale. Ho saccheggiato eBay. Ho dragato i mercatini dell'usato e le librerie di seconda mano. Cumuli di saggi storici, memorie, biografie, qualche vecchia rivista. Ho consultato gli archivi dei giornali. Sono andato per biblioteche, alla Casa delle letterature in piazza dell'Orologio, alla Fondazione Marco Besso in largo di Torre Argentina, all'Istituto Sturzo in via delle Coppelle: ovunque vige l'obbligo di consultare i libri con i guanti e, quando me li sfilo, mi accorgo che sono completamente anneriti dalla polvere. Ho trascorso interi pomeriggi in solitudine. Mi sono appassionato a cercare i diari di chi, in quei nove mesi, trascrisse ogni giorno su un quaderno le sue impressioni febbrili, piene di fame e di spavento. Nessuno oggi scrive più lettere né compila diari. Che cosa rimarrà di noi, una volta estinti i messaggi che ci mandiamo furiosamente su WhatsApp? Ho già riempito un bloc-notes di appunti disordinati e sghembi. Mi rincorrono a tal punto che una sera, uscito dalla redazione del giornale, fermo lo scooter sulla via Cristoforo Colombo per segnarmi su un file del mio smartphone un dettaglio che mi è venuto in mente: proprio lì, su una delle strade più infide della città, mentre i fari delle macchine mi abbagliano. I libri impilati sulla mia scrivania sono ormai decine. Formano una torre pericolante. Sono troppi, e so bene che non potrò leggerli tutti, alcuni nemmeno li aprirò. Di molti appunti presi mi dimenticherò.

Riprendo in mano *Roma 1943* di Paolo Monelli. È interamente trapuntato di osservazioni sparse. Dovrei approfondire aspetti di cui so poco, studiare altri testi, invece mi ci perdo e segno con la matita rossa le stesse frasi che avevo già evidenziato anni fa. Monelli fu dentro il fascismo, ma anche fuori. Scriveva: "Non si poteva chiedere a un popolo dopo vent'anni di dittatura di ritrovarsi come se una dittatura non fosse mai esistita, integro, equo, liberale di idee e di atteggiamenti. Vent'anni: per gli italiani adulti metà della vita".

Bisogna scandire i capitoli dentro una struttura, mi ripeto quando lo richiudo, invidiandogli la prosa da grande cronista. Occorre immaginare la narrazione come una partitura. Mi sveglio prestissimo, con il buio, e provo a ordinare il materiale fin qui raccolto. Scrivo e cancello di continuo. In due ore avrò buttato giù non più di trenta righe. Non trovo la presa. Mi rileggo e mi irrito ancora di più. "Perché ti torturi così?" mi angoscio. Chiudo il Mac, ficco il costume e l'accappatoio nella borsa e vado a nuotare. È pieno agosto. Il mattino è svuotato di voci. Le serrande dei negozi sono abbassate. La Balduina ha chiuso per ferie. Resistono solo i minimarket di frutta e verdura e qualche rider che porta il cibo ai forzati del Ferragosto. Nella vasca ho l'intera corsia per me. Il bagnino mi osserva con aria scocciata. Percorro il solito chilometro pensando al tono giusto da usare per essere all'altezza del racconto di Iole, niente è più importante del tono, mi ripeto mentre avanzo inquieto nell'acqua. Primo capitolo, Iole che conosce Ernesto. Secondo capitolo, Iole ed Ernesto fidanzati. Al terzo capitolo mi areno. Raccontare subito l'alba della lotta partigiana o dilungarmi sul loro fidanzamento?

E Iole, perché ha deciso di raccontarsi?

"Ricordo tutto, ma preferirei aver dimenticato. È così doloroso," mi confessa una mattina.

"Il dolore ci avvicina all'altro," provo a confortarla, ma adesso che la riporto qui la frase mi appare per quella che è: inutilmente consolatoria. Che ne so io della sua sofferenza?

Quindi ora siamo di nuovo l'una di fronte all'altro, entrambi con i nostri fantasmi. Iole è agitata. Seduta al tavolo, con le spalle alla finestra, il suo corpo appare irrigidito. Tutto questo ricordare le deve costare una fatica spaventosa. Sente l'urgenza di provvedere a un lascito, qualcosa di tangibile e duraturo, un libro che le sopravvivrà, perché solo la magia della parola scritta cristallizza il vissuto. Per questo ha accumulato i ricordi: per tramandarli. Adesso, insperato, quel momento è arrivato.

Iole Mancini è medaglia d'argento per la Resistenza. Ha rischiato più volte la pelle. "Per tantissimi anni nessuno ne voleva sapere. Nemmeno noi che avevamo vissuto la guerra e combattuto i tedeschi. Impegnati nel turbine della ricostruzione, non avevamo più voglia di tornarci su. La ricostruzione riguardava innanzitutto le nostre esistenze. E quel che ci attendeva ci pareva molto più avvincente di ciò che ci era capitato. Così mi sono tenuta tutto dentro. Nessuno della mia famiglia c'è più. Con chi avrei dovuto parlarne?"

Tira fuori un bigliettino. È datato 20 ottobre 1984. "Guarda qui," dice. E me lo allunga spingendolo con un dito sulla superficie lucida del tavolo. Leggo: "Io sottoscritta Ero Elsa Ciancarelli, vedova della medaglia d'oro Edmondo Di Pillo, dichiaro che la signora Iole Mancini, vedova di Ernesto Borghesi fu Giovanni, era con me nella cella di via Tasso (carcere delle SS) nel maggio 1944 fino alla liberazione. In fede. Ero Elsa Ciancarelli".

"Stai verificando tutto quello che ti sto raccontando, vero?" mi chiede.

"Ne dubitavi?" le rispondo.

Sembra soddisfatta.

"Stai scoprendo un mio cassetto segreto," dice.

Ogni volta mi fa trovare un mazzo di foto sul tavolo e pretende che le esaminiamo insieme. Sono immagini ingiallite. Istantanee della sua famiglia. Ritratti di lei adolescente. Un catalogo di memorabilia. Ricordi. Mi indica i nomi delle persone che vi sono raffigurate. È una sorta di preliminare a cui devo sottostare, come il riscaldamento di un atleta prima della gara. Le immagini riavviano in lei i motori della memoria. La sua narrazione, percepisco, va ammantata di una sorta di solennità. Credo che lo avverta come un esame. Sul calendario affisso in cucina segna gli appuntamenti. Quelli con me sono inseriti come "intervista".

Per comunicare con Iole bisogna chiamarla al fisso di casa sua. Non ha un telefonino. Ce l'aveva, non lo sapeva usare e a un certo punto i nipoti glielo hanno tolto. Non possiede nemmeno una mail, né un collegamento internet. Scrive tutto a mano. Se conveniamo su un punto esclama: "Perfetto!". Quando apre la porta di casa, al terzo piano, mi accoglie con uno squillante: "Ciao!". E ogni volta mi chiede con slancio:

"Come stai?". A nessuno verrebbe in mente che questa distinta e metodica signora della media borghesia romana ha combattuto i nazisti. Un'anziana dal portamento eretto che veste ancora alla moda, strepitose camicette a fiori, gonne da sartoria, tailleur dai toni sgargianti. Una mattina in cui si era dimenticata del nostro appuntamento, ha socchiuso la porta in bigodini e vestaglia. "Chiudi gli occhi!" mi ha intimato. Ed è scomparsa a cambiarsi.

Dal 1963 abita in un appartamento di due stanze alla Balduina. È venuta a viverci in pieno boom economico, quando Roma era un gigantesco cantiere. Un giorno, uno dei suoi fratelli le disse che quassù gli affitti erano più convenienti. La Balduina, tra Prati e la collina di Monte Mario, era un rione residenziale in via di edificazione, dove il ceto delle professioni metteva le sue radici. Non lontano, a piazzale Clodio, sorge il tribunale. E più in là ancora, verso il Tevere, in via Teulada e in viale Mazzini, c'è la Rai.

Nel dicembre 1966 è venuta a occupare l'appartamento attiguo Adriana Petrella. Un giorno me l'ha presentata. "Sono ancora una ragazza," mi ha detto Adriana, a dispetto dei suoi novant'anni stretti divinamente nel giubbotto. Subito ha voluto farmi vedere il suo monolocale "da studentessa". Con Iole hanno trascorso mezza vita da vicine di pianerottolo, a scambiarsi impressioni sugli inquilini e i nipoti, a bere il caffè, a passarsi i pasti che l'una aveva cucinato per l'altra. "Vedo che frequenti uomini sempre più giovani," la stuzzica complice. "Hai visto?" le strizza l'occhio Iole. Anche la cognata, che abita allo stesso piano, ogni volta che suono il campanello mette il naso fuori dalla porta: "Tutto bene?" domanda sospettosa. "Tutto bene," risponde Iole.

"Perché non ti tagli la barba?" mi rimprovera Iole passandomi una mano sulla peluria. "Staresti molto meglio senza." Mi fa trovare accanto al tavolo una caraffa di acqua fresca e due bicchieri. "Prendi della frutta, ci sono le banane," mi esorta. “Questa crostata non puoi non assaggiarla. Vuoi anche un caffè?”

Una delle prime volte che ci siamo visti mi ha accolto con un vassoio di dolci acquistati nella miglior pasticceria di via Medaglie d’oro: “Ho capito subito che sei goloso”. Siamo rimasti fino a tarda sera a chiacchierare. A un certo punto mi sono tolto le scarpe e ho preso appunti sul divano, con le gambe allungate sulla sedia. Iole, instancabile, continuava a tessere il filo del suo racconto acuminato. Ogni tanto scoppiavamo a ridere. “Non sei stanca?” le ho chiesto. “Neanche un po’!” Quando ho guardato l’orologio era già buio fitto da un pezzo, si erano fatte le dieci. All’indomani ho ricevuto un messaggio dalla nipote, Daniela: “Siamo un po’ preoccupati perché zietta è molto stanca. Potresti limitare i vostri incontri a un paio d’ore?”. Mi sono scusato, spiegando che in realtà le avevo chiesto più volte se non era meglio interrompere. “È un po’ orgogliosa,” ha risposto Daniela.

5.

"Ernesto bussò alla porta di casa nostra con colpi pieni di foga. Era sera tardi. 'È caduto! È caduto!' disse, entrando. Per l'emozione quasi soffocava.

"'Chi?' gli domandai.

"'Hanno destituito Mussolini. L'ha detto la radio.'

"'Non ci posso credere!' gli dissi e lo abbracciai.

"Mamma mia, che emozioni, a ripensarci," dice Iole, e si commuove.

"Da tempo s'intuiva che Mussolini aveva perso il tocco. Alleati dei tedeschi, incassavamo soltanto sconfitte. La gente non ne poteva più dei tanti soldati morti inutilmente e delle ristrettezze provocate dalla guerra. I bambini piangevano per la fame. Fino a quel momento Roma era stata preservata dalla distruzione. Il conflitto si era svolto altrove, in Nordafrica, nei Balcani, in Russia.

"Poi, la mattina del 19 luglio 1943 gli angloamericani avevano bombardato il quartiere di San Lorenzo. Le sirene dell'antiaerea iniziarono a suonare. Gli apparecchi volavano bassi, diffondendo un rumore assordante. *Brrr, brrr, brrr.* Con mia sorella Vittoria andammo sul balcone per capire cosa stesse succedendo. Si udirono degli scoppi, come di colpi di cannone. In lontananza cogliemmo le colonne di fumo. Gli americani stavano sganciando grappoli di bombe da 225 chilogrammi l'una, che colpirono anche il cimitero del Verano, facendo dire al poeta Ungaretti che in questo modo continuavano a 'uccidere i morti'. Intere famiglie vennero annientate. Ci furono un migliaio di vittime, una gran desolazione si diffuse per i lutti, per la devastazione. Arrivò papa Pio XII a portare conforto a chi aveva perso tutto. Poiché era un pontefice poco incline al contatto umano, gli uomini e le donne di San Lorenzo lo accolsero con incredulità sgomenta. Era il primo bombardamento su Roma. Avevamo la guerra in casa."

Mentre ascolto la rievocazione di Iole mi viene in mente la canzone *San Lorenzo* di Francesco De Gregori. Il 19 luglio Mussolini e Hitler si incontrarono a Feltre. I consiglieri del Duce lo supplicarono di farla finita, invitandolo a trattare per un divorzio amichevole dalla Germania. Parlò solo il Führer. Poi a Mussolini portarono il dispaccio con la notizia dell'attacco. Sbiancò. Non ebbe il coraggio di chiedere nulla e se ne tornò a Roma.

La distruzione di San Lorenzo rappresentò il punto di svolta per la Capitale, che fin lì si era creduta invulnerabile grazie alla presenza del Vaticano.

Il 22 gennaio 1943 Leo Longanesi aveva annotato questo umore popolare:

"Credete che a Roma verranno a bombardarci?".

"A Roma no, a Roma c'è il papa e poi Roma è troppo bella..."

"Credo anch'io. Meglio che bombardino Milano."

L'unità d'Italia poggia su questi ideali.

La crisi del fascismo si fece definitiva il 25 luglio. Il Gran consiglio del fascismo depose il Duce con una congiura interna. Il re Vittorio Emanuele III lo fece quindi arrestare, facendolo portare via con un'ambulanza, "perché in questo momento voi siete l'uomo più odiato d'Italia". Al suo posto, a capo di un governo militare, nominò il maresciallo Pietro

Badoglio. Gli italiani lo appresero dal notiziario delle 22.45. Moriva il fascismo.

"Con Ernesto quella sera uscimmo per le strade. In piazza di Spagna la gente in camicia da notte gridava 'Abbasso Mussolini', 'Hanno cacciato via *er puzzone*', 'Se n'è *annato*'. Gettavano a terra le sue foto, calpestandole con un gesto liberatorio. Alcuni trascinarono con delle funi i simboli del fascio divelti, busti, aquile, statue. Nacquero cortei spontanei, che confluirono in piazza Venezia, sotto il balcone dal quale *er puzzone* era solito affacciarsi per i suoi discorsi. Qui, tre anni prima, il 10 giugno 1940, aveva annunciato l'entrata in guerra dinanzi a una folla oceanica. Quella sera le luci erano rimaste spente, le finestre sbarrate. Quando c'era stata la marcia su Roma io avevo appena due anni, adesso ero già una donna fatta di ventitré. L'intera mia fanciullezza si era dipanata nel grigio conformismo di una dittatura. Era straniante essere lì, provare quelle emozioni improvvise, cui non eravamo mai stati abituati.

"Il segno del nuovo si colse subito. In un angolo di piazza Mignanelli, accanto al garage di papà, operava un imprenditore che affittava gli autobus, e tra i suoi dipendenti c'era un autista fascistissimo. Era un tipo sempre azzimato, che se la tirava: all'indomani lo vidi che se ne stava in disparte, con la coda tra le gambe, mentre gli altri attorno a lui commentavano euforici gli sviluppi del colpo di Stato. La storia si era ribaltata."

Lo scrittore Corrado Alvaro, nel suo diario, distilla il clima di quelle giornate liberatorie: "Molte ragazze di buona famiglia hanno numerosi amanti; dicono che non sanno quello che sarà di loro. Borghesia e aristocrazia fanno grandi pranzi e ricevimenti, forse per la stessa ragione. Funzionari e direttori di giornali discutono se sia meglio mandare la famiglia a Biella o a Verona. Le stazioni climatiche dell'alta Italia si riempiono di fuggiaschi della ricca borghesia. La vita italiana ha un po' di dramma tutti i giorni, e mai la tragedia.

Il 25 luglio, molta ragazzaglia per le strade, devastazioni di uffici, furti di macchine da scrivere negli uffici e degli orologi negli autobus. La folla, come aveva acclamato per vent'anni, ora insultava i suoi idoli".

M'imbatto nel diario del conte Alberto Canaletti Gaudenti, uno dei fondatori della Democrazia cristiana. Scrive il 4 agosto: "Vedo Morazzini, il questore che procedette con altri all'arresto di Mussolini. Mi descrive dettagliatamente la cronaca dell'arresto: Mussolini in piedi che saluta romanamente, il re che gli stringe la mano e che dice ad alta voce: 'Presto, l'automobile per il signor presidente' e che poi si ritira per osservare da dietro una finestra l'arresto di Mussolini. Con Morazzini ci guardiamo senza fare commenti".

"Ad agosto papà ci portò a Ferentino," ricorda Iole. "La campagna era al riparo dai bombardamenti. Ferentino è su un piccolo colle, fa fresco, andavamo spesso alle terme di Pompeo a immergerci nelle acque sulfuree oppure facevamo lunghe camminate. Mi piaceva andare in bici. Vinsi persino una gara, che facemmo tra noi ragazzi, a chi avrebbe raggiunto prima Frosinone. C'era solo un cinema, con un tizio al pianoforte che accompagnava le scene del film. Rimanemmo in villeggiatura fino alla fine del mese. Era un tempo sospeso. La spensieratezza delle vacanze degli anni passati aveva fatto posto a un senso di precarietà. Ernesto, che lavorava al Celio, venne a trovarmi tre volte, prendendo il treno che da Roma porta a Napoli. Anche lì, nelle nostre escursioni, non fummo mai soli. Mi prendeva un desiderio grande di baciarlo. Presto ci saremmo potuti sposare, e questo attenuava la mia impazienza. Ora che Mussolini era stato rimosso, confidavamo nel rapido arrivo degli Alleati: a luglio erano sbarcati in Sicilia e in poche settimane avevano costretto i nazisti a lasciare l'isola. Ancora poche settimane, calcolammo una sera, e gli americani sarebbero arrivati finalmente a Roma."

6.

Nell'estate del 1943 Franco Calamandrei, il figlio di Piero, l'insigne giurista che nel dopoguerra farà parte dell'Assemblea costituente, ruppe con il genitore nella convinzione "che i figli devono educare i padri". Aveva venticinque anni, una laurea in Legge e un'inquietudine morale crescente. Voleva scrivere, non fare l'avvocato nel rinomato studio paterno. Lasciò Firenze, la sua città, e si impiegò come funzionario dell'Archivio di Stato, prima a Napoli e poi a Venezia. Fu una disubbidienza anche politica. Scelse di diventare comunista. Dopo la caduta di Mussolini, scrisse al padre per dirgli che "questo sfacelo doveva accadere per rendere l'aria dell'Italia e del mondo un poco più respirabile".

Anche Maria Teresa Regard, una ragazza romana di diciannove anni, varcò la sua linea d'ombra. Lavorava alla Direzione generale dell'Inam, l'Istituto nazionale per l'assicurazione contro le malattie, un ufficio pieno di imboscati fascistissimi. Una mattina, poco dopo l'arresto del Duce, si permise di esprimere liberamente il proprio pensiero: "Bisogna farla finita con la guerra!". Era una frase che non si sarebbe potuta pronunciare prima. Una collega di fede fascista si alzò, le andò incontro e la schiaffeggiò in modo così violento da farla sanguinare da un orecchio. Maria Teresa reagì, per dimostrarle che i tempi erano cambiati. Scoppiò un tafferuglio. Le separarono a fatica. Non vennero presi provvedimenti. Eravamo entrati ormai in un'altra stagione.

Carla Capponi, ventiquattro anni, cresciuta in una famiglia borghese, bella, libera, spiritosa, avvertì che con la caduta del Duce si apriva una faglia. Il portiere del suo palazzo, ai Fori Imperiali, le disse felice: "Ha visto? *Ce voleva a guera pe' cacciallo!*". Il giorno successivo – scrive nella sua biografia, *Con cuore di donna* – "ci incontrammo con Maria Maggi, che mi chiese di ospitare in casa la riunione di alcuni cattolici comunisti, molti dei quali provenienti dal liceo Visconti. Tra questi Marisa Cinciari e Silvia Garrone, appena uscite dal carcere dove avevano dovuto scontare un anno per le manifestazioni contro la guerra organizzate all'università. Il primo pensiero fu quello di chiedere la scarcerazione dei prigionieri e dei confinati nelle isole".

Marisa Cinciari l'ho conosciuta, nel gennaio 2021. Stava per compiere cent'anni. Sono andato a casa sua, dietro le Terme di Caracalla, per ricavarne un webdoc per "Repubblica". Mi ha colpito la gran quantità di sigarette che fumava senza requie. Le ho chiesto stupito perché avesse fatto un figlio proprio durante l'occupazione nazista. "Perché lo trova strano? Eravamo giovani," mi ha rimproverato. Al momento del montaggio, curato da Paolo Saracino, abbiamo scelto come scena finale lei che tiene in mano la milionesima cicca.

Nell'estate del 1943 non era più chiaro cosa si potesse ancora fare e cosa non più. Si poteva andare al mare, senza tuttavia fare il bagno, né entrare negli stabilimenti. Le città vennero bombardate dagli angloamericani. A Napoli, il 4 agosto, quattrocento aerei sganciarono bombe incendiarie che fecero 342 morti. Il 13 agosto a Roma quattrocentonove aerei si accanirono sui quartieri Tiburtino, Prenestino, Casilino, Tuscolano: 368 le vittime identificate, duemila i feriti. Pio XII tornò tra la folla. Il giorno dopo il maresciallo Badoglio dichiarò unilateralmente Roma "città aperta". Churchill e Roosevelt commentarono con sarcasmo, reputando la decisione furbesca. Alla nostra aviazione venne ordinato di non reagire più al passaggio degli aerei nemici sulla Capitale. Ai primi di settembre la vita lavorativa riprese il suo corso. Le fabbriche al Nord tornarono a produrre, i teatri riaprirono, i ministeri si rianimarono. Soltanto l'inizio dell'anno scolastico sembrava in forse. Le truppe alleate continuarono ad avanzare. Ora erano in Calabria. "Quanto ci metteranno per arrivare?" si chiedevano all'ombra del Cupolone.

7.

"Fu Ernesto a dirmi che avevano firmato l'armistizio," racconta Iole. Otto settembre 1943. Una giornata di luce estiva. Alle 18.30, dai microfoni di Radio Algeri, il generale americano Dwight Eisenhower annunciò la resa senza condizioni dell'Italia. Stati Uniti e Gran Bretagna, con cui eravamo in guerra, ora erano i nuovi amici: "Le forze armate del governo italiano si sono arrese incondizionatamente. Il governo ha accettato questi termini senza riserva. Tutti gli italiani che ora agiranno per contribuire a cacciare l'aggressore tedesco fuori dal territorio italiano avranno l'assistenza e l'aiuto delle Nazioni Unite," affermò Eisenhower. L'Italia rompeva l'alleanza militare con la Germania di Adolf Hitler.

L'accordo era stato firmato cinque giorni prima, il 3 settembre, a Cassibile, in provincia di Siracusa, dal generale italiano Giuseppe Castellano e dal capo di stato maggiore e futuro direttore della Cia Walter Bedell Smith. Castellano era stato inviato in Sicilia da Pietro Badoglio, che non voleva che il suo nome figurasse sull'atto che sanciva ufficialmente la nostra sconfitta. La resa venne siglata sotto una tenda in un uliveto.

Alle 19.42 Badoglio fece interrompere il programma di musica leggera diffuso dalla sede dell'Eiar, la radio di Stato, di via Asiago, dove il baritono Gino Bechi stava interpretando *La strada del bosco.* Parlò alla nazione per quarantacinque secondi con una voce stentorea che oggi può suonare farsesca: “Il governo italiano, riconosciuta la impossibilità di continuare la impari lotta contro la soverchiante potenza avversaria, nell’intento di risparmiare ulteriori e più gravi sciagure alla Nazione, ha chiesto un armistizio al generale Eisenhower, comandante in capo delle forze alleate angloamericane. La richiesta è stata accolta. Conseguentemente, ogni atto di ostilità contro le forze angloamericane deve cessare da parte delle forze italiane in ogni luogo. Esse però reagiranno a eventuali attacchi da qualsiasi altra provenienza”. La musica ripartì con le allegre note di una marcia. Il proclama, registrato su un disco, venne mandato in onda per tutta la notte.

Che cosa intendeva dire Badoglio con “esse però reagiranno a eventuali attacchi da qualsiasi altra provenienza?”. Era una frase che suscitò subito interrogativi e accrebbe il senso di confusione. I nostri soldati appresero così dalla radio che la Germania nazista era il nuovo nemico. Moltissimi di loro si tolsero la divisa, rimediarono dove poterono abiti civili e si misero in cammino per tornare a casa a piedi. “La guerra è finita!” esclamavano.

Cerco avidamente i diari di chi raccontò quei momenti concitati. In tanti sentirono il bisogno di fissare su carta le loro impressioni.

“Una notizia straordinaria, sconcertante, è sulla bocca di tutti. L’armistizio. Dunque dovrebbe essere finita. Lo stato comatoso in cui abbiamo trascorso questi ultimi tempi non poteva durare. Però la domanda da cui siamo un po’ tutti assillati è questa: l’armistizio ci garantisce dai tedeschi?” si chiede Carlo Trabucco, giornalista e scrittore cattolico.

“A Trastevere il popolo è in fermento. All’alba mi fa balzare dal letto lo squillare del telefono. È Tomaso Carini: ‘I tedeschi vogliono prendere Roma. Si combatte da stanotte.

Vieni, con quanti più puoi'. Abbiamo qualche rivoltella e scarse munizioni. I redattori dell'"Italia Libera' sono al lavoro. Il comitato interpartiti è riunito. L'emozione febbrile ci fa correre ogni momento alla radio. Sono sbarcati a Salerno. Comincia la ridda delle voci. Sono a Fiumicino, a Civitavecchia, a Livorno, a Genova," ricorda il critico letterario Vittorio Gabrieli, l'allievo di Mario Praz.

"Il brusio straripava dalle case, stagnava a mezz'aria sulle strade," rammenterà il giornalista Adriano Baracco. "La pace!" gridavano gruppi di ottimisti, e le ragazze abbracciavano passanti sconosciuti. In via del Babuino qualcuno disse che Hitler si era suicidato; i passanti si fermarono attorno a due militari in divisa tedesca che si erano strappati le mostrine e vi ballavano pesantemente sopra gridando: "Hitler kaputt, guerra finita". "*So' austriaci*," commentarono. "Uomini che finalmente erano riusciti ad avere con sé l'amante stavano seduti sul letto, accanto a lei, con il ricevitore telefonico in mano. 'Vedrai che domani gli Alleati saranno qui,' dicevano. 'I tedeschi non possono fare altro che arrendersi o scappare'."

"I tedeschi sono pochi, specialmente a Roma – si sente ripetere –, il nostro esercito avrà facilmente ragione di loro, e poi gli Alleati, ora che è firmato l'armistizio, arriveranno subito," scrive padre Libero Raganella, prete a San Lorenzo, che salverà numerosi ebrei.

Alle 20.30 dell'8 settembre i paracadutisti tedeschi partiti da Ostia si impossessarono del deposito di carburanti di Mezzocammino, che con le sue sedicimila tonnellate era la riserva più importante del nostro esercito. Giunti al cospetto della guarnigione di soldati italiani al ponte della Magliana, finsero di fraternizzare con il primo Reggimento Granatieri di Sardegna. Offrirono sigarette e generi alimentari. Fecero i simpatici. Poi, una volta conquistata la fiducia dei granatieri, spararono a tradimento contro i soldati di guardia. Il capitano Vincenzo Pandolfo, palermitano, e il tenente Gino Niccoli, romano, e altri sei furono uccisi. I primi caduti nella difesa di Roma.

Quando non erano ancora le cinque del mattino del 9 settembre, temendo l'arresto da parte dei nazisti, Vittorio Emanuele III e il maresciallo Badoglio scapparono alla volta di Pescara. Il re con la moglie Elena e i figli s'infilarono in una Fiat 2800 con lo stemma reale. L'ultima notte non l'avevano trascorsa al Quirinale, bensì in un appartamento messo a disposizione dal ministero della Guerra in via Venti Settembre. Vittorio Emanuele III aveva settantaquattro anni, Badoglio settantadue. Anziani e affaticati, non trovarono di meglio che allontanarsi. Il corteo di sessanta berline nere, con stati maggiori, ministri, alti papaveri, scivolò nel buio lungo la Tiburtina, l'unica via di fuga non ancora controllata dai tedeschi. Non lasciarono alcuna direttiva, né si preoccuparono della sorte della nazione. Roma rimase incustodita. Il figlio del re, il principe Umberto, al momento di salire in macchina bisbigliò: "Dio mio, che figura!".

La guerra era persa, come nereggiava dalle prime pagine dei giornali.

"Il Messaggero" titolò: *Epilogo.*

"Il Corriere della Sera": *Risalire.*

"Il Mattino": *Triste annuncio.*

"La Stampa": *Resa all'ineluttabile.*

"Il Corriere della Sera" pubblicò un editoriale parlando di "giorno di profonda tristezza per il popolo italiano".

"Il Popolo di Roma" uscì con la copertina dominata da una parola, L'ARMISTIZIO, e il testo dell'annuncio di Badoglio incorniciato tra due strisce nere.

Franco Calamandrei si trovava a Venezia: "Sull'imbrunire, mentre leggo Verga al mio tavolo, sento un'insolita animazione nella fondamenta, esclamazioni festose, canti giulivi di ragazzi. Richiami ridenti di bambine. Poi una donna, da una finestra dirimpetto, dopo aver chiesto qualcosa ad altre donne, giù nella fondamenta, dice: 'Maria Vergine!' con intonazione gioiosa. Mi affaccio incuriosito e domando: 'Hanno firmato la pace,' mi dicono. È armistizio. Mi vesto ed esco. Una pattuglia di tre soldati sta passando, e tutti li interrogano. È vero, è vero, rispondono, ma la loro voce è senza allegrezza, stanca, opaca, avvilita. Da un caffè si sente trasmessa dalla radio l'incisione del proclama di Badoglio, rauco e funerario. In trattoria congratulazioni, abbracci, vino, brindisi, il solito improvviso e breve ottimismo. Con T. andiamo al 'Gazzettino' a chiedere notizie. Circolano dovunque marinai e soldati ubriachi , gridando: 'Viva Badoglio, abbasso il Duce'".

Che ricordo ha Iole Mancini di quel ribaltone?

Chiude gli occhi: "Molti militari, decisi a non schierarsi con i nazisti, disertarono. Cercarono abiti civili, per non farsi riconoscere, come nel film di Luigi Comencini, *Tutti a casa*, quello con Alberto Sordi. Vennero chiamati 'sbandati'. Li vedevi vagare furtivi, impauriti. Bussavano alle porte per chiedere una giacca e una camicia, per togliersi così di dosso la divisa militare che li macchiava come disertori. A casa nostra accogliemmo un amico di Ostilio. Papà lo fece salire senza pensarci due volte, gli diede un vestito, e quello, dopo essersi cambiato, se ne andò ringraziando".

8.

Ho comprato il dvd di *Tutti a casa*. C'è una scena, all'inizio, che fotografa lo smarrimento che colse i nostri militari dopo la fuga del re: il tenente Alberto Sordi telefona al suo colonnello mentre vede con i propri occhi che i nazisti stanno sparando addosso ai nostri: "È successa una cosa incredibile: i tedeschi si sono alleati con gli americani!".

Le truppe tedesche disponevano di venticinquemila uomini, tra fanti e paracadutisti. Gli italiani erano più del triplo. Non avrebbe dovuto esserci gara.

Tra i romani più accorti si diffusero cattivi presagi: i tedeschi stavano accerchiando Roma. Se ne resero conto anche in casa Capponi, a palazzo Roccagiovine, già nella tarda sera dell'8 settembre. "Dio mio!" esclamò la madre di Carla, guardando fuori dalla finestra. "Quello è un cannoneggiamento. Sono vicini, e se è vero si finirà per combattere strada per strada." Oltre il Gianicolo lampeggiava. Cominciò a squillare il telefono. Gli amici domandavano cosa stesse succedendo. Gli inquilini sostavano sui pianerottoli. Era tutto un fiorire di congetture. Decisero di salire sulle altane e sulle terrazze. Da lassù si vedeva chiaramente che infuriava la battaglia dalle parti dell'Eur, alla Magliana, al Trullo. "E adesso che ci succede?" era la domanda che correva di bocca in bocca.

"All'alba del 9 settembre le strade erano già piene di gente che domandava notizie, e ne riceveva molte, ma ognuna di esse contraddiceva le precedenti," ricorda Adriano Baracco. "Nelle caserme i soldati cominciavano a scivolar fuori dalle finestre. Indossavano giacche d'accatto sui pantaloni grigio-verde con le mollettiere, e si credevano in borghese. Non si sapeva dove fossero gli inglesi." Non si sapeva dove fossero i tedeschi. S'ignorava chi comandasse la città. Alle 12.30 una delegazione dei partiti popolari cominciò a peregrinare da un ufficio militare all'altro, chiedendo armi per i civili. A pomeriggio avanzato fu ammessa alla presenza del maresciallo Enrico Caviglia: questi era in maniche da camicia, soddisfatto di sé. "Ho la situazione in pugno," disse. "Roma non corre alcun pericolo." I delegati riferirono l'autorevole assicurazione al Comitato di liberazione nazionale, che sedeva in permanenza. Contemporaneamente giunsero notizie dell'attacco concentrico sferrato dai tedeschi. I partiti di sinistra erano riusciti a procurarsi armi e le distribuirono agli iscritti. Popolani e ufficiali combattevano alla Cecchignola e alla Magliana, tuonava il cannone, reparti motorizzati attraversavano la città. "Bravi ragazzi, cacciateli via!" urlava la gente applaudendo. Alle cinque del pomeriggio uscì l'edizione straordinaria del "Lavoro italiano", con un titolo a tutta pagina: *Gli Alleati a Cisterna*. Gli strilloni furono assediati. La stessa copia passò di mano in mano. Un giornalista incontrò in via Veneto il genero di Badoglio: "È vero che il maresciallo è scappato?" gli domandò. "Tutte bugie, l'ho lasciato in questo momento al ministero, sta mangiando pane e salame."

Ricorda Iole: "Gli Alleati bombardarono i Castelli romani, a Frascati i nazisti avevano impiantato un comando a villa Torlonia. Il generale tedesco Albert Kesselring si salvò, persero la vita cinquecento civili e duecento nazisti. L'ottanta per cento delle case fu distrutto. Fra queste, anche quelle della nonna paterna, Elvira Catolli, l'ostetrica che abitava ad Albano, e della nonna materna, Emilia Coria, di origine calabrese, che viveva a Grottaferrata. Non possedevano più nulla. Mio padre aveva parcheggiato lì un'automobile perché non voleva farsela sequestrare dai fascisti: andò in pezzi. Con Ostilio partirono di gran carriera alla volta dei Castelli. Trovarono nonna Elvira nel rifugio che il papa aveva messo a disposizione della popolazione di Castelgandolfo, la sua residenza estiva. Caricarono le due nonne sull'auto e le condussero a Roma. Quando le vedemmo stentammo a riconoscerle. Erano invecchiate di dieci anni. Papà affittò per loro una stanza in un palazzo in piazza di Spagna, a pranzo e a cena venivano da noi, il resto del giorno lo trascorrevano in chiesa, a Sant'Andrea delle Fratte, a pregare. Giravano con il rosario in mano. Nonna Elvira era amareggiata perché nel bombardamento si era bruciato anche il corredo per il mio matrimonio: la biancheria da letto, gli asciugamani, la tovaglia per il tavolo da pranzo. Non si dava pace. Quando m'incontrava mormorava: 'Iole, è andata così. Non possiamo farci niente, è andata così'".

Carla Capponi uscì di casa correndo. "Ma dove vai?" le urlò la madre mentre era già sulle scale. "Vado con loro!" le rispose indicando un gruppo di uomini armati con i fucili a tracolla. "Ma sei matta? Che ci va a fare una donna?" Li seguì per chilometri sul Lungotevere, poi svoltarono in via Marmorata, a Testaccio, fino a raggiungere porta San Paolo. Alla Piramide di Caio Cestio c'erano due grossi carri armati. L'uomo che guidava il gruppo la squadrò a lungo.

"Per caso sta cercando un parente o un fidanzato?" le domandò.

"No, voglio rendermi utile," rispose Carla.

"Ma lo sa che qui fra poco si combatterà?"

"Per questo sono qui."

L'uomo disse di essere del Partito d'Azione.

"E io sono comunista," gli spiegò Carla.

"Ecco una giovane pasionaria," commentò il comandante.

Contro l'occupazione, percepita alla stregua di un'usurpazione morale, germogliò la mobilitazione popolare. Borghesi e proletari, uomini e donne di ogni censo scesero per strada a difendere Roma. Non furono necessari appelli né cartoline precetto. Bussarono alle caserme per recuperare delle armi, quindi corsero a unirsi ai soldati della divisione Granatieri di Sardegna e ai carabinieri già schierati alla Piramide. I partiti antifascisti erano appena usciti dalla clandestinità, i loro leader liberati dalle carceri e dal confino. Così si ritrovarono a porta San Paolo anche Sandro Pertini, Emilio Lussu, Luigi Longo, Giuliano Vassalli, Bruno Buozzi, Giorgio Amendola.

9.

Si combatteva ovunque. Alla Cecchignola. Sulla via Ostiense. Alla Casetta rossa delle Tre Fontane. Sulla Laurentina. Sulla Tuscolana. Sulla Casilina. Sulla Prenestina. Nel pomeriggio gli scontri dilagarono in via Cavour, intorno alla stazione Termini.

"Roma si è svegliata stamani al rombo del cannone," scrive Pietro Nenni il 9 settembre. "Ma ciò che caratterizza la situazione è l'estrema confusione degli ordini e dei contrordini. Sandro Pertini, che arriva da Firenze, riferisce della situazione al Nord e dei fermi propositi di resistenza. Ma qui a Roma è impossibile imbattersi in una qualsiasi autorità che sia disposta ad assumere una qualsiasi responsabilità."

"La gente impazzisce per la paura e per l'agitazione, e anche per la mancanza di qualsiasi informazione certa. Anch'io sono mezza pazza, perché non so nulla. Corre voce che Hitler intenda far rapire il papa," scrive nel suo diario la giornalista svizzera M.me De Wyss.

"Anch'io sarei voluta andarci, a porta San Paolo," mi confessa Iole. "Mi sarebbe piaciuto medicare i feriti, portare i viveri ai combattenti. Mio padre invece me lo proibì. 'Non uscire!' mi ordinò anche Ernesto, seduto nel salotto: 'Tuo padre ha ragione. È troppo pericoloso'. Poi aggiunse: 'Dovremo però fare qualcosa se i tedeschi avranno la meglio'."

Una liceale, Marisa Musu, disubbidì ai genitori e si precipitò a offrire il suo aiuto a chi combatteva. Quando giunse a porta San Paolo, le intimarono di risalire subito in bici e di raggiungere viale Aventino, per fermare la marcia di una colonna di soldati diretta al Colosseo, dove si erano attestati i tedeschi. Era una ragazzina con i calzini corti e la frangetta, che sembrava persino più giovane dei suoi diciotto anni. Dovette interloquire con un ufficiale abituato a comandare centinaia di uomini.

Dinanzi alla Piramide di Caio Cestio iniziò, intorno alle otto del mattino del 10 settembre, l'ultima battaglia. Dalla Laurentina confluirono i granatieri costretti alla ritirata dalla Magliana e dalla Montagnola. Piangevano: "Il re ci ha lasciati, il re ci ha traditi". Pertini scagliava sassi contro i tedeschi. Maria Teresa Regard distribuiva cibo tra i combattenti. Dalle case scendevano donne con pentole d'acqua calda, strisce di lenzuola, coperte, alcol. Pulivano e consolavano i feriti. "Li ammazzo tutti!" urlò a un certo punto un ragazzo, Maurizio Cecati. Una raffica di mitragliatrice lo falciò: aveva diciassette anni. Raffaele Persichetti, professore di storia dell'arte al liceo Visconti, sottotenente dei granatieri di Sardegna, giunse col vestito buono dalla sua abitazione in corso Rinascimento 97. Imbracciò un moschetto sottratto a un soldato ucciso mentre i carri armati tedeschi si avvicinavano. Adriano Ossicini, poi parlamentare della sinistra indipendente, lo vide aggrottare le ciglia, "come se diventasse improvvisamente pensoso", un attimo prima di stramazzare al suolo, colpito da una scheggia, all'angolo di viale Giotto. Aveva ventotto anni. Avrà la medaglia d'oro della Resistenza.

Il comandante aveva permesso a Carla Capponi di rimanere sulle barricate. Dopo un po' lei tirò dritto verso la vicina basilica di San Paolo, dove, accanto al sottopassaggio della ferrovia, era stato installato un pronto soccorso militare. I feriti arrivavano sanguinanti a decine. Sul selciato avevano allineato una fila di corpi, i primi soldati morti nella difesa della città. Laggiù, oltre la Garbatella, si sentiva il fragore dei colpi di cannone. L'aria era immobile, si sudava per il caldo. Passarono così le ore, finché un ufficiale urlò: "Via, via! I tedeschi stanno avanzando. Levatevi dai coglioni!". Partì il frastuono delle mitragliatrici. "Porta San Paolo sta cedendo," dissero alcuni feriti. Carla fuggì. Nel ripiegamento, nei pressi della caserma dei pompieri a Testaccio, un ragazzo cadde davanti a lei, colpito dalla scheggia di una cannonata. Si fece buio. Carla trascorse la notte per strada, all'alba le uniche esplosioni che si udivano giungevano da porta San Paolo. A porta Capena, nei pressi del Circo Massimo, vide un giovane che giaceva sull'asfalto. Era stato sbalzato fuori da un carro armato e si lamentava. Attraversò la strada e lo trascinò al riparo. Aveva la divisa inzuppata di sangue. Se lo caricò sulle spalle, camminando fino al Colosseo, per più di un chilometro, ogni tanto qualche pallottola le fischiava sopra la testa. "Dove mi porti?" chiese il soldato con un filo di voce. Quando finalmente giunsero a casa sua, ai Fori, il portiere del palazzo, Michele, lo prese in consegna e lo portò per centoventotto gradini su fino all'appartamento dei Capponi; la madre gli pulì le ferite, le disinfettò, le fasciò, gli offrì del caffè. Disse di chiamarsi Vincenzo Carta, era sardo. "Se tra la gente comune il clima è questo, i tedeschi a Roma non resteranno a lungo," riferì Carla a Michele.

I tedeschi erano organizzati, rispondevano a precise direttive, l'esatto contrario dei nostri che, privi di una guida, potevano offrire solo il loro eroismo civile. La lotta era impari.

Seguendo le indicazioni del feldmaresciallo Kesselring, la Wehrmacht passò con i cingolati sopra l'ipocrisia di "Roma città aperta". Per Hitler l'occupazione rappresentava un valore militare strategico, gli consentiva di controllare, da una posizione centrale, gli sviluppi dello sbarco degli Alleati avvenuto a Salerno. Era anche una comoda retrovia per i soldati, un riparo dal fronte. In più la città, con un milione e ottocentomila abitanti, offriva un serbatoio di manodopera. I tedeschi avevano avuto la meglio nei corpo a corpo in via Ostiense, al ponte della Magliana, sulla via Laurentina e alla Cecchignola. Ora erano davanti a quell'ultimo bastione: porta San Paolo, lo scoglio residuo.

Il popolo cominciò a conoscere la verità. Si diffusero le voci sulla fuga del re. Nella tarda serata del 9 settembre, dal molo di Ortona a Mare, la famiglia reale si era imbarcata per Brindisi, sulla corvetta *Baionetta*, su cui Badoglio e un gran numero di ufficiali avevano già messo piede nel pomeriggio a Pescara. Si misero al sicuro in Puglia, sotto la protezione degli Alleati. Al Quirinale erano rimasti solo i portieri.

Dal diario di Vittorio Gabrieli: "Il re, Badoglio e compagni sono fuggiti verso Pescara. Il popolo è senza governo. Per le strade è un chiarore abbacinante. Suona l'allarme aereo. Il rombo del cannone si fa sempre più vicino. All'una la radio comunica che le trattative con il nemico sono state interrotte. Lo sgomento si diffonde nella città. A Trastevere lo schianto delle cannonate ('saranno partenze o arrivi?') è assordante, fitto. Nuvoloni di fumo nero si levano da Testaccio nel cielo livido. I tedeschi sparano sulla città. Per il Lungotevere è uno sfilare di carri armati italiani in senso contrario a quello in cui si combatte. I volti dei carristi sono anneriti e sudici dal fumo, perplessi e umiliati. A via Marmorata troviamo altri carri armati con i cannoni puntati sulla città invece che verso il nemico. Ci gridano di non infilarci sulla strada perché è presa d'infilata dai pezzi tedeschi. Girando da dietro il Mattatoio riusciamo alla altezza della caserma dei pompieri. Gruppi di popolani con i fucili spianati sono sparsi lungo gli alberi. Ci chiedono risentiti altre armi. Non ho che una Beretta".

Ci sono storie commoventi come quella di Cesarina D'Angelo, ventinove anni, per tutti suor Teresina. Al Forte ebbe il coraggio di colpire con il proprio crocifisso di ferro un soldato tedesco che aveva strappato la catenina d'oro dal collo di un granatiere morto alla Montagnola. Domenica Cecchinelli, invece, una contadina di sessantaquattro anni, al Forte tirò fuori dalla torretta di un cingolato il corpo semibruciato di un carrista di Rovigo, Edgardo Zamboni, lo distese a terra, gli pulì il viso con un pezzo di sottana. Un nazista le urlò di finirla. Non lo ascoltò, continuò a consolare come un figlio quel ragazzo. Il soldato la abbatté con un colpo di fucile. Domenica si accasciò sul cadavere di Zamboni.

Per trentasei ore i militari italiani lottarono senza rifornimenti di cibo e munizioni. Poi, di schianto, gli argini di porta San Paolo cedettero. I nostri furono sopraffatti dai tedeschi: i morti furono centinaia.

Si sparse infine un gran silenzio. Il rombo dei cannoni cessò. La giornalista De Wyss uscì per strada e sentì la gente chiedersi: "Dove sono gli Alleati? Che cosa stanno facendo? Perché non vengono qua?".

La resa con i tedeschi venne firmata alle 16.30 del 10 settembre a Frascati, nel quartier generale di Kesselring. Nessuno dei nostri generali volle assumersi l'ingrato compito. Alla fine toccò al tenente colonnello Leandro Giaccone presentarsi al cospetto del generale Siegfried Westphal. Kesselring aveva già minacciato, in caso contrario, di far saltare gli acquedotti e le condutture del gas. L'accordo prevedeva che, nel rispetto dello status di "città aperta", le truppe tedesche sarebbero rimaste fuori dal centro, e che l'ordine pubblico sarebbe stato assicurato dai corpi armati italiani. Ma Kesselring ordinò alle truppe di entrare nel cuore di Roma. Alle 20.30 Radio Berlino annunciò che la Capitale era stata conquistata. "Le notizie incalzano," scrive Fulvia Ripa di Meana nelle sue memorie. "Sono a San Paolo! Sono già entrati! Hanno sorpassato il Colosseo! Sono arrivati a piazza Venezia. In via Cavour c'è stata una sparatoria terribile. Siamo ormai in mano ai nazisti."

10.

Passo ogni sera con lo scooter davanti alla Piramide Cestia. Accanto si erge porta San Paolo, sul cui muro è stata posta una lapide: "Alla Resistenza che eroicamente qui segnò il 10 settembre 1943 il secondo Risorgimento". Dalla mia visuale notturna – il semaforo all'incrocio di piazzale Ostiense – quella scritta è solo un quadrato bianco indecifrabile. Mi ero mai messo a riflettere seriamente sul significato del luogo? Confrontandomi con il fatto che qui si svolse il primo atto di resistenza contro i nazisti a Roma, una battaglia impari e perciò eroica? Sapevo della sua funzione simbolica, dei pellegrinaggi civili il 25 aprile, però non avevo mai approfondito. Siamo affossati in un eterno presentismo, anche io.

In quel momento ripasso mentalmente l'articolo appena scritto, con l'ansia perenne di avere sbagliato qualcosa. L'Ostiense si dipana con quattro corsie. Alla mia destra posso vedere la stazione dei treni progettata dall'architetto Marcello Piacentini, con la scritta "Roma Ostia Lido", sulla sinistra la tomba egizia del primo secolo a.C. e di fronte la porta, un bastione con due torri, dove quel giorno i soldati e i civili dovettero cedere alla furia nazista. Altre due targhe ricordano i carabinieri, i granatieri di Sardegna e i militari che qui combatterono, e le donne, come Carla Capponi, Marisa Musu e Maria Teresa Regard, che "difesero la città e la patria, soccorsero i feriti, confortarono i morenti, tutte affrontando la morte, molte perdendo la vita".

Transito quasi sempre con il buio davanti a porta San Paolo. A quell'ora è un posto senza poesia, percorso da giovani frettolosi appena usciti dalla stazione. Non mi sono mai fatto delle domande. Questo per me è soltanto uno slargo, dove le persone attraversano le strisce pedonali mentre attendo che il semaforo diventi verde.

Ernesto e Iole furono costretti a guardare il mondo sotto un'altra luce. La guerra impose un salto morale. Se non ci fosse stata, si sarebbero fatti rapire dalla militanza attiva? Non avevano manifestato fin lì alcuna indole rivoluzionaria, erano due ragazzi che cercavano semplicemente la loro strada dentro un contesto opprimente come il fascismo. La battaglia di porta San Paolo fu l'atto fondativo per la loro generazione, la scintilla che provocò il fuoco di un generoso impegno. Non ne so nulla, e un po' mi vergogno.

11.

La sera del 10 settembre l'Eiar, la radio di Stato, iniziò a trasmettere in tedesco e in un italiano con accento straniero. All'indomani, sin dall'alba, gruppi di soldati nazisti, abbigliati con casacche mimetizzate, transitarono torvi lungo le vie del centro. Parcheggiarono i camion dinanzi alle sedi delle banche e, con i mitragliatori imbracciati, si impadronirono di 119 tonnellate di oro, per un valore pari a due miliardi di lire, custodite nella Banca d'Italia, in via Nazionale. Poi saccheggiarono negozi, magazzini, rimesse, abitazioni private. Numerosi passanti furono rapinati. Erano arrivati gli Unni.

Herbert Kappler s'insediò al Viminale, e come prima mossa fece liberare i gerarchi leali a Mussolini arrestati dopo il 25 luglio. Vennero proibiti gli scioperi, vietata la corrispondenza privata, spiate le comunicazioni telefoniche, la razione di carne sostituita con le uova, il gas erogato solo per alcune ore al giorno. Gli operai furono invitati a lavorare per la Germania, che in quel momento stava subendo pesantissime perdite. L'appello, pubblicato sui giornali, segnalava la sede dell'arruolamento: un palazzo in via Tasso 155. I paracadutisti tedeschi liberarono il Duce a Campo Imperatore, in Abruzzo. Adolf Hitler dichiarò: "La sorte dell'Italia dovrà essere una lezione per tutti".

Adriano Baracco fissò così i ricordi di quelle ore: "Nei

luoghi dove si era combattuto si vedevano cadaveri con le giberne allacciate sulla giacca borghese. Nessuno credeva più ad alcuna notizia, buona o cattiva che fosse. Nelle case qualcuno accese la radio, ne scaturì una voce gracchiante: '*Fenite* dai vostri camerati tedeschi'. '*Semo* sistemati,' disse un capofamiglia. E poi fu notte".

Kesselring compendiò le nuove disposizioni in un editto in dieci punti che venne affisso sui muri:

Il territorio dell'Italia a me sottoposto è dichiarato territorio di guerra. In esso sono valide le Leggi Tedesche di guerra.

Tutti i delitti commessi contro le Forze Armate Tedesche saranno giudicati secondo il diritto tedesco di guerra.

Ogni sciopero è proibito e sarà giudicato secondo il Tribunale di guerra.

Gli organizzatori di scioperi, i sabotatori e i franchi tiratori saranno giudicati e fucilati per giudizio sommario.

Sono deciso a mantenere la calma e la disciplina e a sostenere le Autorità italiane competenti con tutti i mezzi, per assicurare alla popolazione il nutrimento.

Gli operai italiani i quali si mettono volontariamente a disposizione dei servizi Tedeschi saranno trattati secondo i principi Tedeschi e pagati secondo le tariffe Tedesche.

I Ministeri Amministrativi e le Autorità Giudiziarie continuano a lavorare.

Saranno subito rimessi in funzione il servizio ferroviario, le comunicazioni e le poste.

È proibita fino a nuovo ordine la corrispondenza privata. Le conversazioni telefoniche, che dovranno essere limitate al minimo, saranno severamente sorvegliate.

Le Autorità e le organizzazioni civili italiane sono verso di me responsabili per il funzionamento dell'ordine pubblico. Esse compiranno il loro dovere solamente se impediranno ogni atto di sabotaggio e di resistenza passiva contro le misure Te-

desche e se collaboreranno in modo esemplare con gli Uffici Tedeschi.

"I tedeschi ci fecero subito orrore," mi racconta Iole. "Non li avevamo mai accettati come alleati e ora si presentavano nelle vesti di dominatori. Si capiva benissimo che la formula di 'città aperta' era finzione, un accordo di cartapesta. Cominciammo a fare i conti con un sentimento nuovo: la paura. La Wehrmacht occupò la città con i carri armati. Gridavano ordini secchi. Fermavano gli autobus e facevano scendere le persone, gli uomini da un lato, le donne dall'altro. Cercavano disperatamente manodopera. Chi era abile al lavoro rischiava di finire deportato in un lager. La prospettiva era angosciosa. Talvolta l'autista fermava il mezzo prima dei posti di blocco dando così la possibilità ai viaggiatori di scendere. Con un bando, Kesselring aveva invitato a consegnare tutte le macchine che non avevano ottenuto l'autorizzazione a circolare. A mio padre la Wehrmacht requisì il garage e tre vetture. Lo occuparono per farne un quartier generale. Papà portò allora tra le rovine di Grottaferrata l'unica delle quattro automobili che era riuscito a salvare, una magnifica Fiat Balilla verde, il cui sportello difettoso faceva arrabbiare mamma: 'Perché non lo aggiusti?' gli chiedeva ogni volta che ci saliva. I nazisti occuparono il garage anche perché disponeva di un telefono.

"Una mattina, mentre stava uscendo con la Balilla dal cancello della casa di campagna, mio padre trovò ad attenderlo la Gestapo. Volevano l'auto. Li scongiurò. Lo minacciarono con le armi. Dovette scendere e consegnare anche quell'ultimo veicolo. Mortificato, tornò a casa, a Roma, a piedi. Sono venticinque chilometri. Quando arrivò era avvilito. Non avevamo più niente. La gioia che avevamo provato per la fine del fascismo era svanita. La guerra non era affatto terminata, anzi proseguiva più spaventosa di quanto potessimo immaginare," dice Iole.

Ernesto Borghesi lavorava all'ospedale del Celio. Grazie alla fascia della Croce Rossa al braccio poteva girare liberamente. Fu quel che vide in corsia, o per le strade, a renderlo inquieto, a spingerlo verso la lotta all'invasore tedesco? "A fare qualcosa," come aveva proposto a Iole. Si era iscritto al Pci, allora clandestino, e non le disse niente. Meditò di entrare nei Gap, il gruppo militare espressione del Partito comunista, ma non lo riferì mai a Iole. Diventò un partigiano e non lo comunicò alla sua donna. Perché, Iole?

"Era un modo per proteggermi, per non farmi disporre di troppe informazioni. E io ero semplicemente troppo ingenua per capirlo da sola," scrolla le spalle.

Il 10 settembre 1943 Franco Calamandrei salì su un treno diretto a Roma. A Firenze osservò "lo spettacolo dei soldati che hanno difeso Roma, prigionieri dei tedeschi, ammassati sotto la grande tettoia della stazione, disfatti, stracciati, guardati con fucili e mitragliatori, in attesa di essere portati nel campo di concentramento di Campo di Marte". Da tre anni teneva un diario in cui metteva in fila appunti, osservazioni, spigolature, i tantissimi libri letti.

Appena scese a Termini si precipitò in centro. La gente sostava davanti alla nuova sede del Partito fascista repubblicano in piazza Colonna, intenta a osservare il ritratto del Duce piazzato sulla balaustra della terrazza, "con un'aria di curiosità, di timore, di compatimento e di irrisione". Due giorni dopo era già operativo: "Ho ritrovato qui V., L., P., e molti altri, che un anno fa avevo lasciati nella mia assenza angosciosa, e tutti siamo d'accordo che questa estrema occasione di intervenire, di farci una buona volta partecipi, non ci deve sfuggire. V. e P. sono inquadrati in un nucleo di simpatizzanti della organizzazione comunista. Non hanno durato fatica a persuadermi che il nostro posto di lotta è di qua, non di là dalle linee. Domani ci riuniremo con gli altri appartenenti al nucleo, e qualcuno del partito verrà a parlare con noi. Sono in mezzo ad amici affezionati, una fraterna società che mi considera uno dei suoi da sempre," sostiene in una lettera ai suoi. In una fototessera di quei giorni sembra un attore da film neorealista: il volto scavato, il corpo smagrito chiuso in un cappotto di buona fattura.

A Marisa Musu chiesero di recuperare le armi e le munizioni abbandonate dall'esercito in fuga. "Vai alla Montagnola," le dissero alcuni compagni comunisti. Marisa inforcò la bici, raggiunse il prato, teatro della battaglia. Raccolse una ventina di bombe da mortaio che infilò in due borse e con quel carico esplosivo pedalò verso casa. Era quasi arrivata quando venne fermata a un posto di blocco. I tedeschi le domandarono in italiano: "Cosa hai nelle borse?". "Bombe!" rispose Marisa, sorridendo. "Ah ah ah," sghignazzarono i soldati di fronte a quella ragazzina spavalda, quindi la fecero passare dandole una manata sulle spalle. Bianca come un cencio, con il cuore che batteva a mille, Marisa rischiò più volte di cadere dalla bicicletta mentre percorreva il restante tragitto.

12.

"Meglio gli americani sulla capoccia che Mussolini tra i coglioni." Sui muri comparve questa scritta. Le famiglie cominciarono a dare rifugio nelle loro case a disertori, ebrei, partigiani. Di fronte a quella resistenza silenziosa, un alto papavero della Wehrmacht commentò sconsolato: "Mezza Roma nasconde l'altra metà".

Una mattina un attacchino del Comune affisse, nei pressi del bar Ciampini, ai Tre Scalini, i manifesti delle SS che imponevano una nuova sequela di divieti: "Chi fa la borsa nera... pene varie fino alla pena di morte". "Chi diffonde materiale di propaganda... pena di morte." "Chi è trovato in possesso di armi... pena di morte." "Chi sabota materiale necessario all'esercito germanico... pena di morte." "Chi non osserva il coprifuoco... pene varie fino alla pena di morte."

Una folla di uomini e donne si radunò alle sue spalle. Dapprima i presenti assistettero in silenzio all'operazione. Vietare la pratica della borsa nera significava, per tanti, non mangiare più. Anche per il solo ascolto delle trasmissioni di Radio Londra venne stabilita una sanzione. Lo studente in Medicina Sasà Bentivegna, che si era mischiato ai curiosi, colse il disorientamento che scaturiva da quelle imposizioni. Una sottile ironia si fece largo tra gli astanti, con mugugni, frasi biascicate in romanesco, nel gusto popolano di irridere, di farsi beffa delle tragedie. "E che? C'hanno preso per uccelletti?" commentò icastico un ragazzino.

Nei primissimi tempi dell'occupazione tedesca si confidava ancora nell'arrivo degli Alleati. Il tasso di suicidi si dimezzò, il che venne valutato come il segno di una confusa fiducia. I bandi di lavoro stilati dai nazisti andarono deserti. Fecero un censimento per contare la popolazione maschile e gli uomini si sottrassero in massa, al punto che sembrò che la Capitale fosse abitata da sole donne. Commentò Paolo Monelli: "Nessuna città fu meno prona di Roma ai nuovi tirannelli. Era una ribellione muta, paziente, incrollabile. Un giorno il comando tedesco fece sfilare per le vie principali della città un'intera divisione, carri armati, autoblindate, negli autocarri soldati in perfetta tenuta di guerra, i fucili mitragliatori puntati verso la strada, una perfetta terribile macchina da guerra. I romani lasciarono passare con qualche occhiata distratta, i crocchi si discioglievano al passaggio, gente che aspettava l'autobus si allontanava perché non si credesse che stesse ferma a guardare lo spettacolo".

Nelle sue memorie, Eitel Friedrich Moellhausen, il console generale tedesco in Italia, rivelò che Kappler si era persuaso che venire a capo dei romani non era cosa semplice. Lo aveva molto colpito l'episodio del tram. Un anonimo, che si dichiarava fascista, aveva avvertito le SS che su un tram era salito un gruppo di sabotatori con esplosivi. Le macchine della Gestapo partirono in tempo per raggiungere il tram vicino al Colosseo. La vettura fu fermata e circondata. I passeggeri fatti scendere e controllati minuziosamente. Tutto era in regola. I singoli vennero interrogati. "Avete visto salire o scendere persone che portavano pacchi o fagotti?" Nessuno aveva visto niente, e si diffusero in assicurazioni, giuramenti, proteste. Fu allora ispezionata la vettura: sotto i sedili vi era un completo deposito di esplosivi.

Il 27 settembre 1943 Carlo Trabucco scrive: "Alla Banca

d'Italia oggi è continuato lo svaligiamento. I tedeschi si sono portati via tre sacchi di biglietti da mille: qualcosa come 60 o 70 milioni. Questi sono furti belli e buoni. Così chi ha occasione di transitare per la via Flaminia si accorge che da mane a sera è un continuo sfilare di autocarri verso il Settentrione; portano via mobili, tendaggi, macchine, materiale vario mentre nei cieli gli aeroplani trasportano in Germania i preziosi. È la spoliazione sistematica di ogni fortuna".

A Ernesto Borghesi, dopo il servizio militare a Firenze, fu risparmiato il fronte. "Al Celio prendeva due lire, non bastavano per vivere, più tardi fummo costretti a chiedere aiuto a mio padre," spiega Iole. "Mio fratello Ostilio era carrista. Dopo l'8 settembre non volle aderire al nuovo esercito della Repubblica sociale dei fascisti, e quindi era anche lui uno 'sbandato' e noi eravamo in pena per lui. Mio fratello Renzo, invece, era stato fatto prigioniero in Africa e per molti mesi non se ne seppe nulla."

13.

Dovrei andare al giornale, e invece mi perdo a gironzolare lungo viale Marconi. È iniziato settembre. Ragazze abbronzate ai tavolini. Adolescenti che sfrecciano in scooter. Sui social si addensano le foto di gite in barca, selfie sugli scogli, tramonti isolani. Nei paraggi c'è il ponte dove i nazisti uccisero le donne del quartiere che per la fame avevano assaltato un forno requisito dalla Wehrmacht. Le lasciarono lì, dopo la fucilazione, affinché tutti vedessero. Sono indeciso se andarci. Osservo le ragazze sedute nei bar all'aperto: ridono allegre, commentando le immagini delle ferie, a Lampedusa, a Ponza. Sento confusamente che la storia di Iole continua a parlarmi. Ma cosa vuole dirmi, esattamente?

Entro in libreria. Ho visto che hanno *Achtung Banditen!*, l'autobiografia di Sasà Bentivegna. Mentre la cerco sullo scaffale, l'occhio mi cade su un libro Einaudi: *Eravamo ridiventati uomini.* Contiene i discorsi e gli scritti di Norberto Bobbio sulla Resistenza. In copertina ci sono tre partigiani con i mitra, fotografati sul tetto di un palazzo di Torino. Non lo avevo notato nelle bibliografie scorse finora. Mi metto a leggerlo lì, in mezzo alla sala. I partigiani, scrive Bobbio, erano mossi dalla "voce della coscienza, dal senso del dovere, dal bisogno di riscattare con un gesto gratuito di libertà la servitù di un popolo".

In primo luogo fu una lotta contro il nazismo, una guerra di liberazione nazionale; in secondo luogo fu lotta contro il fascismo, ovvero "come liberazione da un regime di dittatura che aveva soffocato in Italia per vent'anni le libertà civili". Infine, rappresentò una battaglia "per l'emancipazione sociale contro ogni regime presente e futuro di privilegio. Un gigantesco fenomeno di disobbedienza civile in nome di ideali superiori come libertà, eguaglianza, giustizia, fratellanza dei popoli". Acquisto il libro. Esco nella luce potente del pomeriggio. Penso a un'altra frase che ho appena letto, scritta da uno dei condannati a morte della Resistenza: "Papà, sai, è così bello morire nella speranza di un migliore domani, per tutta l'umanità".

Iole Mancini il suo mattone nella guerra di liberazione lo portò facendo la staffetta.

"In genere mi chiedevano di consegnare dei biglietti. Non ne ho mai aperto uno, né Ernesto mi disse mai cosa contenessero. Avevo il compito di consegnarli ai portieri dei palazzi. Inforcavo la bici e partivo. Il primo incarico, però, fu la consegna di un pacco contenente pezzi di armi. Ernesto mi chiese di portarlo a un portiere in uno stabile vicino al Colosseo. Bisognava evitare di incappare in un posto di blocco. Stavo sempre all'erta, pedalavo piano, per non dare troppo nell'occhio, e sceglievo vie con le traverse, in modo da poter deviare se mi fossi trovata davanti un check point dei nazisti. I portieri erano da tempo nel mirino della Gestapo, consapevole che rappresentavano un luogo di smistamento. Dovevano essere fidatissimi. Prendevo via del Babuino, poi percorrevo via di San Sebastianello, passavo davanti a una gioielleria, a un negozio di antiquariato, a una biblioteca, e via incontro alla città occupata. I volantini li nascondevo sotto la gonna, infilati negli slip. I bigliettini li riducevo in frammenti minuscoli. Con il tempo l'eccitazione fece spazio alla paura. Vedevo tedeschi dappertutto. Ogni volta, tornata a casa, chiudevo la porta alle mie spalle e mi buttavo sul letto sfinita dalla tensione. Tremavo specialmente quando consegnavo le armi," confida.

Faccio fatica a immaginare Iole con un'arma in mano.

"I fucili o le pistole venivano smontati, e si portavano a pezzi, per non dare troppo nell'occhio. Non ho mai conosciuto i nomi delle persone cui le consegnavo. Solo i soprannomi. Era un piccolo mondo per compartimenti stagni."

Racconta Alberto Savinio in *Nuova enciclopedia* che nel marzo del 1944 la polizia cercò un antifascista bussando alla porta della casa della madre. Erano in tre, armati di fucili mitragliatori. La domestica informò la signora, la quale le disse: "Dite che mio figlio non c'è: al resto penso io". I poliziotti irruppero nell'appartamento, entrarono in ogni stanza, non trovarono nulla, quindi "aprirono anche la porta della camera da bagno: era vuota". Ma dentro c'era un'altra porta. Un poliziotto chiese di aprirla. "È la porta del cesso," disse la domestica, terrorizzata. Il poliziotto la aprì d'impeto, "ma immediatamente si tirò indietro esclamando: 'Oh, scusi!' e richiuse la porta". I tre poliziotti se ne andarono, l'antifascista, che la madre aveva nascosto dietro la porta, uscì dal nascondiglio. Commenta Savinio: "Più che il coraggio e la calma di fronte al pericolo, è da ammirare l'acume psicologico di questa donna la quale pensò che qualunque uomo, anche un poliziotto, trovando una donna seduta al cesso, si sarebbe ritirato d'istinto. Resta da dire lo sforzo che essa dovette fare per sedersi al cesso e tirarsi su le vesti in presenza di suo figlio. Ma quali eroismi non affronta una madre per salvare il proprio figlio?".

"Durante l'occupazione nazifascista sono arrivata a pesare cinquanta chili. Ed ero alta 1,74," dice Iole. "Di colpo fu difficile trovare pane, carne, verdura, frutta, zucchero. I nazisti controllavano i mercati, s'impossessarono dei panifici. Con mamma andavamo a fare la spesa al mercatino di via del Lavatore, sotto il Quirinale. Bisognava fare la fila, muniti della tessera annonaria, e presentarsi di buon mattino perché le scorte di frutta e verdura finivano presto. A Roma erano affluiti gli abitanti dalle campagne, c'era chi aveva perso ogni bene. I soldi erano sempre di meno. I nazisti erano dappertutto. La tessera annonaria era necessaria per ottenere la propria quota di cibo, una porzione minima per ogni derrata. Il caffè invece si comprava alla borsa nera. Avevamo tutti una fame spaventosa. Ho di fronte agli occhi un soldato seduto davanti al garage di papà. Sta mangiando delle mele. La mia nipotina, Maria, lo osserva con invidia, ne vorrebbe una anche lei, il nazista la guarda ostentatamente e quando ha finito getta via il torsolo.

"Papà si dannava per cercare di portare a casa il cibo. Il fatto di essere conosciutissimo nel quartiere gli valse a rimediare di tanto in tanto qualche miracolosa bistecca, un sacchetto di farina, delle uova. Ogni giorno, a mezzogiorno, avveniva la consegna del pranzo ai tedeschi che si erano stanziati nel nostro garage. Erano pasti che noi ci sognavamo. Il loro pane nero profumava, mentre noi mangiavamo le 'ciriole', degli sfilatini fatti con una farina che grattava la gola. Talvolta al Celio Ernesto riusciva a rimediare una pagnotta e me la portava. Era una festa, quel pane. I macellai vendevano la carne fuori dalla tessera, a prezzi esorbitanti, ce n'era uno in via della Croce, dove papà ogni tanto faceva capolino. I nazisti lo vennero a sapere e arrestarono sia lui sia la moglie. I bei pranzi domenicali di prima della guerra erano un ricordo. Facevo la fila negli 'orti di guerra', gli appezzamenti di terra gestiti dai contadini. Mi avventuravo in quelli di via Aurelia, o del Labaro, o sulla Salaria, ci andavo in bicicletta, raccoglievo le verdure che intendevo acquistare, pomodori, lattughe, melanzane, il contadino le pesava e se le faceva pagare a caro prezzo. L'Aurelia e il Labaro erano campagna, attraversavi tratti di strada come in un paese. C'era una donna che incontravo spesso quando passavo da piazza Cavour. Era distinta, ben vestita, sempre con il cappellino. Portava al pascolo, tra le erbe del Palazzaccio, la sede della Corte di cassazione, una gallina. Era una scena penosa, ma quella gallina ogni mattina faceva l'uovo, un bene inestimabile."

14.

Arrivarono le prime piogge d'autunno. Gli Alleati erano impantanati in Campania, la marcia verso la Capitale procedeva lentissima, l'aspettativa per la loro venuta si mutò in delusione. I nazisti si fecero più spavaldi e ordinarono la chiusura dei negozi alle 17.30.

Quelli come Ernesto e Iole, spinti dalla necessità morale di "fare qualcosa", si mobilitarono. Fu un intellettuale di ventisei anni, Antonello Trombadori, cresciuto in una famiglia di artisti – il padre, Francesco, era un pittore –, a organizzare i partigiani dei Gap, i Gruppi di azione patriottica.

Nel 1941, reduce dal fronte greco, era stato arrestato come dirigente del Pci. Lo avevano mandato al confino, dove era rimasto fino alla caduta del fascismo. Tornato libero nell'agosto del 1943, riannodò le fila di un partito costretto in ginocchio dal regime. Insieme a Gioacchino Gesmundo mise in piedi una struttura militare, creando un Gap centrale che coordinava quattro squadre, ribattezzate Garibaldi, Pisacane, Gramsci e Sozzi. Nomi che esprimevano il patriottismo ottocentesco, l'antifascismo, il comunismo, il Risorgimento. La resistenza andava disciplinata dentro un metodo. Del primo nucleo del Gramsci fecero parte Trombadori, Gesmundo, Mario Fiorentini, Lucia Ottobrini, Franco Di Lernia. Ai primi di novembre nacquero il Gap Sozzi, con Franco Calamandrei e Maria Teresa Regard, e il Pisacane, con Sasà Bentivegna e Carla Capponi. Qualche settimana dopo fu la volta del Gap Garibaldi. In questa divisione venne inquadrato Ernesto Borghesi insieme a Marisa Musu.

Divisero Roma in otto zone.

La prima zona comprendeva Prati, Trionfale, Monte Mario.

La seconda: Trastevere, Monteverde Vecchio e Nuovo.

La terza: Flaminio, Ponte Milvio, Parioli, Salario.

La quarta: il centro storico.

La quinta: Macao, San Lorenzo, Monte Sacro, Tiburtina.

La sesta: Appia, Monti, Esquilino, Latino-Metronio.

La settima: Ostiense, Portuense, San Saba, Testaccio.

L'ottava: Prenestino, Torpignattara, Centocelle, Quadraro.

I Gap dipendevano dalla giunta del Comitato di liberazione nazionale retto dal socialista Sandro Pertini, dal comunista Giorgio Amendola e dall'azionista Riccardo Bauer. I gappisti erano giovani, nessuno di loro aveva mai tenuto in mano una pistola e fu necessario addestrarli. Un giorno Giorgio Amendola, figlio di Giovanni, l'esponente liberale morto in seguito a un'aggressione fascista, si presentò in una villa in piazza Bainsizza, a Prati, e trovò i compagni intenti a commentare le *Questioni del leninismo* di Stalin. Amendola tenne una piccola lezione, inquadrando l'azione dei Gap nella linea generale del partito. Poi due di loro si congedarono: "Compagni, scusateci, ma dobbiamo recarci *al lavoro*".

Quel che salta all'occhio, scorrendo le biografie, è il pedigree borghese di quasi tutti. Erano studenti o docenti. Sasà Bentivegna, ventun anni, ed Ernesto Borghesi, ventisei anni, studiavano Medicina; Mario Fiorentini, ventiquattro anni, Matematica; Franco Calamandrei, ventisei anni, era laureato in Legge; Gioacchino Gesmundo, trentacinque anni, faceva il professore di storia e filosofia; Carlo Salinari, ventiquattro anni, si era laureato in Lettere con Natalino Sapegno, di cui era allievo; Carla Capponi, ventiquattro anni, studiava Legge e lavorava per necessità familiare; Marisa Musu, diciotto anni, studiava Matematica; Lucia Ottobrini, diciannove anni, e Maria Teresa Regard, diciannove anni, provenivano da famiglie con una storia particolarmente stimolante.

Il padre di Maria Teresa Regard era di origini francesi. Era stato uno zio di idee socialiste a introdurla alla militanza antifascista, dopo che Maria Teresa gli aveva manifestato il proprio sgomento per l'allontanamento dal liceo Mamiani di un compagno di classe ebreo, Giorgio Formiggini, colpito dalle leggi razziali. Anche per Marisa Musu e per Carla Capponi la scelta di campo, il comunismo, rappresentò un gesto morale obbligato dopo le leggi razziali del 1938. Il regime di Mussolini, sempre più prono alla Germania di Hitler, mostrava il suo volto più crudele.

Lucia Ottobrini, seconda di nove figli, era di madre tedesca. Abitava a Primavalle, un quartiere popolare, "dove la miseria era poco meno che spaventosa". Era nata a Roma, ma dopo pochi mesi i suoi, piccoli commercianti, si erano trasferiti a Mulhouse, in Alsazia. Tornarono in Italia nel 1939. Lucia aveva imparato nel frattempo il tedesco e il francese. Al "Contemporaneo", nel dicembre 1964, raccontò che la vista del sottoproletariato romano "costituiva uno spettacolo nuovo per me e la commozione si alternava al disgusto e a un senso di impotenza. Mio padre non trovò lavoro (non era iscritto al Fascio), ma io, tramite l'interessamento di una brava persona, riuscii a rimediare un impiego al ministero del Tesoro. Così potei essere d'aiuto alla famiglia". Entrò in una compagnia teatrale che si prefiggeva di far conoscere i grandi classici al popolo. Si esibivano al cinema Mazzini. Ne facevano parte Vittorio Gassman, Lea Padovani, Nora Ricci, Luigi Squarzina, Carlo Lizzani, Mario Landi. In quel contesto conobbe Mario Fiorentini. L'amore per il teatro li accomunò. Fiorentini era amico dello scrittore Vasco Pratolini, del regista Luchino Visconti e di attori come Adolfo Celi e Vittorio Caprioli. Li arruolò nel Pci.

I Gap nacquero per rendere la vita difficile ai nazisti nelle grandi città. Bisognava essere pronti a compiere attentati e, nel caso, a uccidere. Perché Carla, Lucia, Marisa, Maria Teresa affrontarono simili rischi mortali? Qual era la molla che le spinse a una lotta che non escludeva il sacrificio estremo? La risposta va cercata nell'educazione familiare, nella convinzione che "ciò che è giusto fare, va fatto", come dirà Marisa Musu nella sua autobiografia. C'erano poi gli echi del Risorgimento, che facevano parte del lignaggio biografico di alcuni di loro. Il padre di Mario Fiorentini, di professione curatore fallimentare, un ebreo amante della poesia, veniva da una famiglia mazziniana. La madre di Marisa Musu frequentava i repubblicani di Sassari. Il nonno di Rosario Bentivegna aveva combattuto a Calatafimi con Giuseppe Garibaldi.

Fiorentini decise di aderire alla lotta d'istinto, dopo aver visto sfilare per via del Tritone i carri armati tedeschi. Prese la mano di Lucia e le disse: "*Nous sommes dans un cul-de-sac*". "Quei carri armati ci fecero pensare all'occupazione della Francia, alla terribile sfilata trionfale sugli Champs Élysées. E immediatamente partimmo alla ricerca di armi." I primi incontri clandestini dei Gap si tennero a casa di Carla Capponi, dalle cui finestre si potevano ammirare la Colonna Traiana, i Fori e il Campidoglio. Bisognava pronunciare una parola chiave per accedervi: "Arcangelo" era quella richiesta il pomeriggio che si presentò per la prima volta Bentivegna. Pieno di pregiudizi verso Carla, che gli era stata descritta come graziosa e disinvolta, diffidava di quella rampolla esuberante che diceva di voler partecipare alla lotta armata. Il fatto che durante la prima riunione si mise a fumare la pipa non fece che accrescere le sue riserve.

La prima difficoltà consisteva nel reperimento delle armi.

Ce n'erano poche in giro. Andavano chieste ai soldati di un esercito in rotta e ai carabinieri. Rosario Bentivegna e Rodolfo Coari, un ex marinaio che era stato al confino e in carcere per la sua attività antifascista, il giorno di San Martino del 1943 partirono in bici da piazza Navona con il proposito di raggiungere il quartiere di Tor Sapienza, sulla via Prenestina, dove il comando dei carabinieri aveva sotterrato dei fucili. La città pullulava di tedeschi. Ebbero quattro fucili e un grosso pacco di munizioni. Bentivegna si tolse l'impermeabile, vi avvolse le armi, legò il pacchetto alla canna della bici con un filo elettrico e si mise sulla via del ritorno. I fucili avevano la canna corta per cui sopravanzavano di poco il manubrio anche se un occhio minimamente attento li avrebbe notati. Tornarono percorrendo con prudenza strade secondarie, con la luce del pomeriggio che declinava. A ridosso del centro s'imbatterono in un posto di blocco. Decisero di rallentare, sudando freddo. Mentre si avvicinavano ai soldati con l'elmetto, videro balenare davanti a sé la tortura e la fucilazione. I tedeschi, che scherzavano tra loro, non si accorsero dello strano pacchetto di Sasà e, distratti dai loro motteggi, li fecero passare. Le armi furono custodite al cinema Imperiale, in via del Corso, all'angolo di via Borgognona. Luciano Lusana, ex capitano del Genio, un torinese che aveva combattuto nella Grande guerra, e che viveva in una casa modesta in via Salaria con la madre e la sorella, spiegò a Bentivegna come si usa una rivoltella. A casa sua Bentivegna conobbe un tranviere, Guido Rattoppatore, un compagno acuto e molto intraprendente che abitava in una piazzetta dietro via Giulia.

I Gap svolsero quindi un ruolo di avanguardia. Erano non più di trenta. Esordirono con la diffusione dei giornali antifascisti, "l'Unità" stampata clandestinamente da tipografi comunisti. "Giravamo di notte per le strade, ci infilavamo nei portoni a distribuirli, copia per copia, nelle cassette delle lettere. Raggiungevamo le persone ferme ai capolinea dei tram, all'uscita dei cinema, negli assembramenti. C'era la pena di morte per chi faceva quel lavoro, e lo sapevamo," ha raccontato Bentivegna in *Achtung Banditen!*

Roma pullulava di spie. I nazisti requisirono garage, hotel, uffici pubblici. Rimisero il naso fuori i fascisti, che ricostituirono la loro federazione a palazzo Braschi, in piazza di San Pantaleo, i cui sotterranei furono trasformati in una sala di torture della Guardia armata, capeggiata da Gino Bardi, Guglielmo Pollastrini, Carlo Franquinet, la famigerata banda Bardi-Pollastrini. Erano state figure di secondo piano negli anni del regime e ora le loro squadre d'azione presero a terrorizzare la città. Ci si muoveva in un campo minato. I Gap riuscirono a infiltrare un compagno, Disma Leto, nella Polizia dell'Africa italiana (Pai), un corpo di polizia coloniale che dopo la perdita dell'impero era stato trasferito a Roma. Vennero così a sapere in anticipo di possibili retate.

I comunisti erano, all'interno del Comitato di liberazione, i più impazienti all'azione. Non concepivano la prudenza e l'attendismo dei socialisti e degli azionisti, che confidavano nell'arrivo provvidenziale degli Alleati. A ottobre inoltrato però fu chiaro a tutti che gli inglesi e gli americani non sarebbero arrivati. Così, in poche settimane, predisposero una rete di uomini fidati, possibilmente privi di legami familiari. A ciascuno venne dato un nome di battaglia. I posti di blocco della Wehrmacht non venivano quasi mai allestiti negli stessi punti, il che rendeva più complesso e pericoloso muoversi. Bisognava adottare mille prudenze. Borghesi e popolani si ritrovarono a militare nelle stesse fila. Uno dei primi gappisti agganciati da Bentivegna fu Alberto Marchesi, un oste che mandava avanti una trattoria popolare in via d'Ascanio, una traversa di via della Scrofa. Gli era stato segnalato dal partito. Quando si presentò nel suo ristorante lo trovò indaffarato ai fornelli. Le cellule variavano da un minimo di tre a un massimo di sei componenti. Erano richiesti un fisico asciutto e allenato. Un sistema nervoso solido. Scaltrezza psicologica. Ferree convinzioni politiche. Fermezza morale e ideologica. Coraggio da leoni. Resistenza alle sevizie. Ecco perché Iole chiama Ernesto "il mio eroe".

15.

"Non era una condizione dura per una donna, quella nella Resistenza?" chiedo a Iole.

"Altroché," risponde. "Non hai conosciuto Carla Capponi. Aveva un coraggio che non ho mai visto in nessun altro."

La prima volta che ho messo piede a casa sua, Iole mi ha indicato proprio il libro di Capponi, *Con cuore di donna*. "Devi assolutamente leggerlo," mi ha esortato, estraendolo dallo scaffale. "Eravamo molto amiche." Mi sono soffermato sulla foto in copertina, che mostrava una giovane dal sorriso aperto. L'ho sfogliato – conteneva una dedica affettuosa vergata con una stilografica dall'inchiostro verde –, quindi, dopo averlo chiuso, l'ho sistemato accanto a me sul tavolo. Iole con un rapido gesto lo ha tirato a sé. Forse temeva che me lo sarei portato via. Quando, qualche giorno dopo, l'ho consultato in libreria, l'occhio mi è caduto sulla descrizione che Carla faceva dell'estate del 1943. Raccontava che dopo la caduta del Duce tutto si era fatto improvvisamente incerto. Non era più chiaro quali comportamenti fossero ancora leciti. Si poteva andare al mare, ad esempio, senza tuttavia fare il bagno. Si coglieva, in quelle poche righe, la paura del futuro. Allo stesso tempo era anche un frammento vivido di quotidianità.

"Tu sei matta! Non entrerai mai! Chi sta con noi poi non

può fare altro nella vita," le rispose a muso duro Antonello Trombadori, quando Carla espresse il suo desiderio di combattere i tedeschi. Una risposta analoga se l'era sentita dare anche Marisa Musu: "Il tuo ruolo dovrebbe essere quello di stare accanto a Valentino Gerratana e rammendargli i calzini la sera," l'aveva liquidata Giorgio Amendola. "Sono una ragazza e le ragazze sono le più adatte per sviare i sospetti. Credo di potermela cavare bene anche con le armi," insistette Marisa.

"Essere donna," ha raccontato Carla Capponi alla rivista "Il Contemporaneo" nell'ottobre del 1964, "non disponeva alla fiducia per un genere di lotta che si pensava prerogativa assolutamente maschile. Una volta mi fu dato l'incarico di recarmi da un partigiano, Gino Mangiavacchi. Era un gappista che aveva fatto un corso di guastatore al Sud, nell'esercito, e quindi conosceva l'uso di tutte le armi. Mi doveva spiegare il funzionamento e il disinnesco di una bomba da mortaio Brixia che dovevamo trasformare in bomba a mano. Quando mi vide si rifiutò di affidarmi la bomba perché la smontassi sotto i suoi occhi. Alla mia insistenza si convinse, mi chiese di ripetere quanto avevo visto confidando nella mia memoria. La bomba era molto complicata con la sua etichetta di volata e il percussore che si sganciava da questa elica durante la traiettoria. Mi accorsi allora che Gino aveva tolto il detonatore per precauzione, fedele al motto 'fidarsi è bene, ma...'."

Carla aveva frequentato il liceo Visconti, che ha ancora adesso la sua sede in piazza del Collegio Romano, nel centro storico. In classe con lei c'erano il futuro regista Carlo Lizzani e Piero Della Seta, l'urbanista che sarà assessore nelle giunte rosse di Giulio Carlo Argan e Luigi Petroselli alla fine degli anni settanta a Roma. Era stato un ex compagno di scuola, Romualdo Chiesa, che militava segretamente nel Movimento dei cattolici comunisti, il tramite per entrare in contatto con gli ambienti più avveduti dell'antifascismo. L'aveva presentata alla professoressa di filosofia, Maria Maggi, che a sua volta le fece conoscere un insegnante del liceo Cavour, Gioacchino Gesmundo. Carla e Gesmundo formarono una cellula del Pci. Era il 1938.

I suoi erano antifascisti. La mamma faceva la maestra. Il padre l'ingegnere minerario. Quest'ultimo, di idee socialiste, non aveva mai voluto prendere la tessera fascista. Fino all'età di dieci anni non aveva mandato i figli a scuola, per evitare loro un'istruzione addomesticata dal regime. Nei cinema, all'epoca, prima di ogni film veniva suonata *Giovinezza*. Il pubblico, come se fosse l'inno nazionale, era costretto a levarsi in piedi e gli uomini dovevano togliersi il cappello. Un giorno, al cinema Famiglia, il padre di Carla ordinò ai figli di rimanere seduti. Non si tolse il cappello. Un poliziotto glielo levò per dispetto. Nacque una discussione. Fece rapporto alle autorità.

Abitavano allora in via di Porta Fabbrica, a Cavalleggeri, alle spalle del Vaticano. Nel 1930 andarono a vivere nel palazzo del Gallo di Roccagiovine che sovrasta il Foro Traiano. Dalla finestra di casa potevano osservare le cerimonie fasciste. Nel 1940 il padre morì in un incidente in miniera. Carla lasciò la facoltà di Legge e si impiegò come segretaria. Il fratello più piccolo aveva soltanto undici anni. La madre sbarcava il lunario dando lezioni private. "Oltre agli impegni domestici e alla corvée per procurare il cibo, avevo anche le lunghe ore di ufficio che mi lasciavano poco margine per coltivare le amicizie. La guerra aveva disperso tutte quelle maschili, anche gli innamorati," scrive nella sua biografia.

La sera del 25 luglio 1943 Carla accorse sotto le finestre di palazzo Venezia. Lì, tra la folla festante, conobbe Guido Rattoppatore. "Anch'io sono comunista," le sussurrò. Fu Guido a metterla in contatto con Rodolfo Coari, Lallo Bruscani e Adele Bei. Fu sempre Guido a chiederle se potessero usare casa sua per le riunioni più delicate. Il fascismo era caduto e lei e la madre dormivano con le patate sotto il letto, nel timore di un autunno di ristrettezze. Carla aveva ventiquattro anni e come tanti della sua generazione era stata costretta dalle circostanze a diventare improvvisamente adulta in una famiglia colta e agiata, che la guerra aveva impoverito.

16.

Ha raccontato Maria Teresa Regard: “Non ebbi molti contatti con gli altri gappisti, perché una regola fondamentale della clandestinità è quella di frequentare un numero il più ristretto possibile di persone”. Aveva diciannove anni quando aderì ai Gap. Il padre era militare, la madre impiegata. La famiglia del padre era facoltosa, quella della madre di origini modeste. Nel 1940 il padre morì. Maria Teresa aveva sedici anni. Sua madre trovò lavoro a Roma, alle Casse mutue. Lei prese la maturità classica al liceo Mamiani, saltando un anno grazie alla media dell’otto. “Preparai per il professore di storia e filosofia Gaetano Giafaglione una tesina su Pietro il Grande.” Il professore era comunista. Dopo averla letta la invitò a casa sua. Parlarono di politica. Maria Teresa si mostrò piuttosto settaria e Giafaglione a un certo punto si inalberò: “Se qui ci dividiamo a indicare in quel socialista un buono e in quello un cattivo, si fa il gioco dei fascisti e non troveremo mai la forza di combatterli”. Tramite due ex compagne di liceo, Fulvia Trozzi e Michela Bucci, che aveva ritrovato alla facoltà di Lettere, conobbe Antonello Trombadori e Fabrizio Onofri. Il compagno che la interrogava cautamente, Galdo Calderisi, la rimproverò: “Tu parli troppo, una che parla troppo è un vero pericolo per noi”. Lesse un libro di Viktor Segre. Il capitolo che più la colpì fu quello sul comportamento da adottare nei confronti della polizia: "Negare, negare, negare sempre, anche l'evidenza". Si adattò così a una doppia vita. "In ufficio preparavo gli stipendi e ricordo che non erano pochi coloro che percepivano 'il premio squadristi' di duemila lire (mille lire allora erano considerate un buono stipendio)."

Il 7 novembre Franco Calamandrei tenne un comizio volante a piazza Fiume per celebrare la Rivoluzione d'ottobre. Maria Teresa aveva il compito di creare confusione nel caso fossero sorte difficoltà, o si cercasse di arrestare l'oratore. Superò la prova. Due giorni dopo Trombadori accolse la sua domanda di affiliazione. "Ci si riuniva anche semplicemente per studiare. Uno di noi leggeva a voce alta un'opera e alla lettura seguivano commento e discussione. La seconda parte dello stesso programma comprendeva lo studio della pianta topografica di Roma e dei modi per eseguire delle azioni. Dal gran camminare io ero spesso sul punto di crollare. Adele Bei non si fermava mai. La sua resistenza era stupefacente. Frequentai la casa di Vasco Pratolini, piena di intellettuali."

In uno dei primissimi incontri Iole mi ha parlato anche di Marisa Musu. "Ha compiuto lei le azioni più rischiose con Ernesto," ha detto. "Facevano parte dello stesso gruppo." Marisa Musu era di famiglia sarda. Il nonno materno, Antonicu, aveva gestito lo storico Gran caffè Italia, in piazza Castello, a Sassari. Nella casa di via Orazio avevano la cuoca e la cameriera, che serviva i pasti con la crestina e i guanti bianchi. Il papà Luiseddu era un dirigente alla Fondiaria assicurazioni. La madre, Bastianina Martini, aveva interrotto gli studi universitari a causa del matrimonio: militava in Giustizia e libertà, scrivendo sull'"Alba repubblicana". Il padre, che era riuscito a evitare l'iscrizione al Partito fascista – obbligatoria dal 1932 per gli impiegati pubblici –, tuttavia fu costretto a portare sul bavero della giacca il distintivo del Pnf che gli antifascisti chiamavano "la cimice". Marisa era la loro unica figlia. Aveva un temperamento generoso, un tratto preso dalla madre, che da ragazza aveva affrontato a viso aperto i fascisti che attaccavano le sedi dei giornali e dei sindacati. I suoi si trasferirono a Roma e andarono a vivere dapprima in via Cola di Rienzo, la via dei negozi, e più tardi in via Orazio 31, in un appartamento spazioso condiviso con i nonni materni. Marisa frequentò le Montessori, accompagnata ogni mattina dalla cameriera. Fece le medie alla Dante Alighieri e le superiori al liceo Mamiani, il cui preside era Giuseppe Salaris, che non aveva aderito al regime. Conseguì la maturità a sedici anni. Nell'estate del 1940, l'anno dell'entrata in guerra, era in vacanza con la famiglia a Francavilla al Mare, in provincia di Chieti, quando dalla spiaggia osservò stagliarsi all'orizzonte la lunga fila di navi che portavano i nostri soldati in Albania, "a spezzare le reni alla Grecia", come dirà Mussolini.

Al Mamiani divenne amica di Adele Maria Jemolo, la figlia del docente di Diritto canonico Arturo Carlo Jemolo. Formeranno presto un gruppetto antifascista, a cui aderirà anche Guglielmo, detto Titi, il fratello di Adele. L'incontro con Lucio Lombardo Radice, il futuro professore di Matematica, fece di lei una comunista. Lucio aveva venticinque anni. Altissimo, magro, calvo. Introdusse lei e Adele a Marx e alla letteratura americana (Melville, Saroyan, Steinbeck, Dos Passos), e poi a Montale, Vittorini, Pirandello. Marisa ne era attratta, seppur platonicamente. "Fino a diciotto anni ero ancora convinta che i bambini nascessero dalla saliva trasmessa da una bocca all'altra con i baci," ammetterà ne *La ragazza di via Orazio*. Lombardo Radice agli inizi del 1943 la mise in contatto con un giovane che lavorava all'Istituto di filosofia del diritto alla facoltà di Giurisprudenza: Valentino Gerratana, l'assistente del professor Widar Cesarini Sforza, filosofo. Anche Gerratana mostrava un'aria seria, da adulto, nonostante i suoi ventitré anni. La incaricò di consegnare bigliettini sigillati sui quali comparivano unicamente delle iniziali. Servivano a fissare appuntamenti, a segnalare l'arrivo dell'"Unità", a prendere contatto con un nuovo simpatizzante. Marisa eseguì, senza sapere cosa contenessero. Era entrata in un mondo che operava per compartimenti stagni, vite parallele che non si incontravano né frequentavano, di cui in quel momento facevano parte i futuri dirigenti del Pci Mario Alicata e Pietro Ingrao, i registi Carlo Lizzani e Giuseppe De Santis, il critico letterario Carlo Salinari, i comunisti cattolici Marisa Cinciari e Franco Rodano, Tonino Tatò, Adriano Ossicini. Avevano un giornale clandestino, "Pugno chiuso". L'archivio della cellula venne assegnato a una liceale, Adriana Molinari.

Nell'aprile del 1943 buona parte di questo gruppo era finita in carcere, tradita da una spia. Marisa si salvò, forse perché era ritenuta un pesce piccolo. Anche Lombardo Radice fu arrestato. La cellula venne messa fuori combattimento.

Mesi dopo, il ristoratore Alberto Marchesi, quarantatré anni, l'oste di Campo Marzio arruolato da Bentivegna e il tranviere Guido Rattoppatore, trent'anni, caddero nelle grinfie delle SS. Furono torturati nelle segrete di via Tasso, a Rattoppatore tagliarono le dita della mano destra.

17.

È ottobre inoltrato. Le foglie tappezzano i marciapiedi sul Lungotevere. Roma offre colori commoventi. Poi, senza alcuna avvisaglia, scrosci d'acqua violenti. Un pomeriggio la pioggia improvvisa mi coglie mentre sto per raggiungere l'appartamento di Iole. "Santo ragazzo!" esclama quando mi scorge inzuppato sul pianerottolo, e corre a prendere il phon.

Leggo che l'ottobre del 1943 fu mite e che anche i più fiduciosi, gli ottimisti, si resero conto che la liberazione non era così vicina come era stato ventilato nei giorni successivi allo sbarco degli Alleati a Salerno. In un mese erano appena arrivati al Volturno. A Napoli, dal 27 al 30 settembre, la popolazione era insorta contro i tedeschi, riuscendo a respingere la Wehrmacht. Quando, il primo ottobre, gli Alleati giunsero a Napoli, i tedeschi se n'erano andati. Roma restava prigioniera. Ai tedeschi la Capitale serviva come punto d'appoggio per rifornire il fronte. Era tutto un transitare di convogli, che sostavano nelle piazze per poi ripartire.

I Gap iniziarono a distribuire i volantini con cui invitavano la popolazione alla disubbidienza civile. Il 2 ottobre Franco Calamandrei scrive sul suo diario: "Finalmente un incarico militare in uno dei settori periferici. Nella pensione di famiglia dorme la cuoca in cucina, dopo la lunga giornata di fatica e di litigi con la padrona, sopra la branda sistemata per la notte fra i fornelli e l'acquaio, e chi dei clienti va al vicino gabinetto ode il suo russare continuo e asmatico nel buio. E nel gabinetto, attaccato a un chiodo, il guardaroba della cuoca: un ombrello sgualcito, un grembiule, un vestito rosso e blu, una panciera di lana".

"Quinta domenica d'occupazione. Giornata non solo senza tram, ma anche senza auto. Roma sta assumendo l'aspetto di una quieta città di provincia. Non molti gli uomini in circolazione. Si temono brutte sorprese," registra Carlo Trabucco.

Il 6 ottobre Herbert Kappler ordinò di disarmare i carabinieri: duemilacinquecento militari vennero catturati e molti di loro furono deportati in Germania. Roma si ritrovò senza forza pubblica, la finzione di "città aperta" risultò definitivamente smascherata. I carabinieri non erano ben visti dai fascisti della Repubblica di Salò, perché ritenuti responsabili dell'arresto di Mussolini, oltre ad aver combattuto al fianco della popolazione a porta San Paolo. Qualche giorno dopo si capirono meglio le ragioni di quel blitz.

Sabato 16 ottobre, alle 5.15 del mattino, le SS invasero le strade del Portico d'Ottavia, dove viveva la gran parte degli ebrei romani, e costrinsero a salire sui loro camion 1024 uomini e donne, tra cui duecento bambini. Scrive Giacomo Debenedetti in *16 ottobre 1943*: "Un giovanotto si stacca dalla fila: ha ottenuto di andare a prendere un caffè, sotto la sorveglianza di una SS, che però non accetterà di 'tenergli compagnia'. Deglutisce rumorosamente, la tazzina gli trema nelle mani, e anche le gambe gli ballano sotto. Gira gli occhi smarriti verso i tavolini, dove si è seduto a giocare a carte nelle sere che avevano ancora un indomani. Con una specie di sorriso timido e stanco, domanda al caffettiere: 'Che faranno di noi?'".

Due giorni dopo li caricarono su diciotto vagoni piombati alla stazione Tiburtina, un viaggio di sei giorni fino al campo di concentramento di Auschwitz, in Polonia. Solo quindici uomini e una donna, Settimia Spizzichino, sarebbero tornati a casa, alla fine della guerra. Gli ebrei romani fino a quel momento si erano sentiti al riparo da ogni violenza. Quel rastrellamento segnò la fine di una illusoria speranza.

Il nazismo mostrava il suo vero volto. Il disarmo dei carabinieri e la deportazione degli ebrei – due fatti tra loro collegati – imposero un salto di qualità nella Resistenza contro l'esercito occupante. C'era un unico modo per affrontarlo: la guerriglia. Dice Iole: "Fu Ernesto a dirmi che avevano fatto una razzia al ghetto. Lui aveva molti amici ebrei e quindi notizie di prima mano. Mi disse che avevano consegnato chili di oro ai nazisti, come aveva preteso Kappler, ma che non era bastato. Era scosso. Il suo racconto mi fece precipitare in una paura ancora più profonda".

La gente si chiuse in casa. I nazisti mutarono il paesaggio urbano. Roma divenne il rifugio per gli abitanti dei paesi distrutti dai bombardamenti: da Cassino, Frosinone, Colleferro, Valmontone, dai Castelli giunsero convinti che la presenza del Vaticano avrebbe preservato la Capitale da ulteriori distruzioni. Nel volgere di poche settimane la popolazione raddoppiò. I fortunati erano alloggiati dai parenti, gli altri finirono accampati. Fiorirono le baracche.

Il 18 ottobre Carlo Trabucco scrive: "Oltre alle file per i tabacchi, per il sale, per i fiammiferi, per le calze (non parlo delle code per le scarpe, in occasione delle quali si sono viste scene cannibalesche che neppure le guardie erano in grado di scongiurare), avremo la fila anche per cambiare i biglietti da mille. Nei ristoranti si legge, in rosso, una scritta a piè della lista: 'Si avvertono i clienti, a scanso di discussioni, che non saranno accettati in pagamento biglietti di grosso taglio'. Cosicché ieri un mio collega, andato con la sua signora al Ristorante Roma, ha dovuto promettere una lauta mancia al cameriere come compenso per il cambio di un biglietto da mille lire. Infatti gli offrì venti lire. Abbiamo così anche la borsa nera per il cambio della moneta, quasi non bastassero le iperboliche cifre che si pagano per pranzare".

Il 19 ottobre un motociclista tedesco venne ucciso sulla Salaria davanti all'aeroporto dell'Urbe.

Il 20 ottobre quaranta partigiani delle borgate Pietralata e San Basilio, appartenenti a Bandiera rossa, aiutati da diversi abitanti, diedero l'assalto alla caserma del Forte Tiburtino per impossessarsi di armi, viveri, medicinali. Ventidue partigiani furono fermati e sette di loro fucilati a Forte Bravetta.

Il 26 ottobre i tedeschi uccisero due comunisti nel quartiere Monte Mario perché trovati in possesso di armi. Uno dei due – padre di otto figli – aveva murato una mitragliatrice in casa. I tedeschi andarono a prenderlo a colpo sicuro, scoprendo il nascondiglio. Li condussero in un prato, non lontano da casa, e due soldati tedeschi li uccisero con quella stessa mitragliatrice. Gli amici assistettero a distanza all'esecuzione. Circolò la voce che la persona che aveva fatto la spia avesse percepito un compenso di quindicimila lire.

Il 27 ottobre i nazisti rastrellarono i quartieri di Monte Sacro, Tufello, Valmelaina: 364 uomini vennero inviati ai lavori forzati in Germania.

Un compagno dei Gap, il militante comunista Lindoro Boccanera, che dopo la battaglia a porta San Paolo aveva trovato riparo al Museo storico dei bersaglieri a porta Pia, propose a Trombadori di costruire dei chiodi a quattro punte da disseminare lungo le strade per forare gli pneumatici dei camion della Wehrmacht. L'idea gli era venuta osservando i cimeli della Prima guerra mondiale esposti al museo. Forgiati clandestinamente nei retrobottega dei negozi di ferramenta, o da fabbri improvvisati, i chiodi vennero distribuiti dalle staffette. I tedeschi, dopo le prime forature, reagirono furibondi. Stabilirono che la produzione o il possesso dei chiodi sarebbero stati puniti con la pena capitale.

18.

“La memoria umana è uno strumento meraviglioso ma fallace,” scrive Primo Levi ne *I sommersi e i salvati*. “I ricordi che giacciono in noi non sono incisi sulla pietra; non solo tendono a cancellarsi con gli anni, ma spesso si modificano, o addirittura si accrescono, incorporando lineamenti estranei. Lo sanno bene i magistrati: non avviene quasi mai che due testimoni oculari dello stesso fatto lo descrivano allo stesso modo e con le stesse parole, anche se il fatto è recente, e se nessuno dei due ha un interesse personale a deformarlo. Si conoscono alcuni meccanismi che falsificano la memoria in condizioni particolari: i traumi, non solo quelli cerebrali; l’interferenza da parte di altri ricordi ‘concorrenziali’; stati abnormi della coscienza; repressioni; rimozioni.”

È novembre. Tira vento di tramontana. Il buio è già calato sulla Circonvallazione Ostiense. Chiamo Iole. La immagino mentre si alza di malavoglia dal divano per raggiungere ciabattando il telefono fisso posto all’ingresso. Risponde dopo molti squilli.

“Andavano bene le risposte l’altra volta?” mi domanda.

“Te l’ho già detto: andavano benissimo,” la rassicuro.

Non sembra convinta.

“Ci possiamo vedere domani?” chiedo.

“Sì, ma non venire di corsa. Non prendere altri impegni.”

"Non lavoro, è sabato. Avrò più tempo."

"Bene," dice. "Non mi piace quando vieni di fretta."

L'indomani citofono a casa sua.

"Perché non hai preso l'ascensore?" chiede, quando mi scorge sul pianerottolo.

"Sono pochi scalini," le rispondo.

"I giovani vanno a piedi," commenta.

Mi domanda cosa ho fatto di mattina.

"Un giro in bici fino all'Eur."

"Eh, ma non stai mai fermo!"

Ci sediamo. Da una cartellina rossa estrae una pila di articoli, che risalgono a più di vent'anni fa. Sono i pezzi usciti su vari quotidiani in occasione dei decessi di Carla Capponi, Marisa Musu, Maria Teresa Regard e Antonello Trombadori. "Sono tutti morti," esclama. Mi mostra "La Gazzetta Ufficiale" del 1986 con la motivazione della medaglia d'argento conferita a Ernesto Borghesi. Vuole leggermela ad alta voce: "Valoroso partigiano, subito dopo l'8 settembre entrava in contatto con gruppi antifascisti e, pur conscio del grave pericolo a cui si esponeva, dava dapprima inizio a un'attiva opera di propaganda clandestina e successivamente metteva costantemente in pericolo la sua vita in numerose azioni di sabotaggio che infliggevano al nemico gravi perdite".

Fuori è già buio. "Ti preparo un caffè," decide d'imperio, e scompare in cucina.

"Perché vuoi che facciamo questo libro insieme?" le chiedo quando ritorna.

"Lo faccio per Ernesto, ero una ragazza semplice e lui mi ha insegnato a vedere lontano," risponde. "E poi i giovani devono capire cos'è una dittatura, che può sempre tornare, sotto altre forme. Non immaginano neanche minimamente quel che abbiamo patito nei nove mesi dell'occupazione nazifascista. Che tempo infame!" dice, e stringe il magro pugno.

"Vuoi che resti anche qualcosa di te?"

"Forse," dice, come stupita della mia domanda. "Credi che ne valga la pena?"

"Scrivere è sempre un atto di ottimismo," la incoraggio.

"Giusto, soprattutto quando la storia è amara," dice. "Siamo d'accordo su troppe cose, io e te," aggiunge dopo un breve silenzio.

"È pericoloso essere d'accordo su quasi tutto," la provoco.

"No, è bellissimo, invece."

Ha con sé una vecchia foto, pescata in un cassetto: "1941" c'è scritto sul retro. Infuria la guerra, ma non a Roma. Iole, Ernesto e la mamma di Iole ciondolano sul Pincio. È una domenica d'autunno. Passeggiano nel sole e non immaginano di rimanere incastrati negli ingranaggi del vivere, il destino non ha ancora scombussolato i loro piani.

Quando ci siamo visti ad agosto, prima che partisse per la campagna, le ho consegnato un elenco con dieci domande su fatti che mi sembrava meritassero un approfondimento. Al ritorno mi ha restituito il foglio su cui in stampatello avevo scritto "Domande per Iole". Pinzate c'erano le sue risposte in tredici foglietti a quadretti, riempiti con una grafia pulita. "Ho dovuto riflettere molto, tanti fatti li avevo rimossi. Senza noi donne la Resistenza non sarebbe stata possibile. Rifornivamo di cibo e di indumenti puliti gli uomini, costretti a nascondersi, o recapitavamo loro i messaggi più delicati."

Non so che ora si sia fatta. Sono già sulla soglia quando Iole mi prega di attendere un attimo. Scompare in cucina, e torna con un melograno. "Toh!" dice. "Oggi ti serve questo, porta bene."

19.

Una cosa che non riuscirò mai a riprodurre, con le parole giuste, intendo, è la paura che attanagliò i romani durante i 271 giorni dell'occupazione nazifascista. "Sulla paura ci sarebbe da scrivere un trattato," ha fatto notare Enzo Forcella, che la visse in pieno. "Paura delle retate, dei campi di concentramento, della prigione, della tortura, della fucilazione. Sognavo i tedeschi, il loro passo cadenzato sulle strade deserte, le SS in motocicletta che piombavano all'improvviso nel quartiere bloccandone le uscite e rastrellandone minuziosamente tutte le case."

"I soldati tedeschi accantonati all'Albergo d'Inghilterra rientravano cantando, ubriachi. Una notte un uomo cominciò a urlare, sporgendosi dalla finestra in via Borgognona: 'Non ne posso più,' annunciava con voce meridionale, stridula e ancora arrochita di dignità, 'non ne posso più'. Tornava il silenzio, ciascuno si preparava ad affrontare il tempo tutto nero che ci separava dall'alba, il tempo delle perquisizioni, dell'orrore, dell'impotenza," osservò la scrittrice Irene Brin.

"In un bordello. I tedeschi ubriachi. I tre Battaglioni M, giovanissimi, spavaldi e impacciati, isolati. La goffa, stentata fraternizzazione con i tedeschi. I borghesi estranei, inerti, torpidi. La padrona e le inservienti prodighe di moine e di compiacenze verso i tedeschi," schizza Franco Calamandrei nel suo diario.

Paura e fame.

"Alle massaie che devono accendere almeno tre volte al giorno il fornello vengono dati cinquanta fiammiferi al mese," scrive Carlo Trabucco, il 13 novembre 1943. "Se si pone mente che uno su tre non si accende, si ha l'allegra situazione delle massaie romane. E il formaggio? E la pasta? Introvabili. Ma alla borsa nera sì, con prezzi da ricchi. Il vino, che un mese fa si vendeva venti lire al litro, è già salito a 28-30, cioè a sessanta lire il fiasco. E il fiasco non contiene due litri. A Natale questi prezzi a che livello saranno? Il carbone è salito a 12-14 lire al chilo. La frutta non ha prezzo semplicemente perché non la si vende più. Le nocciole dei bancherottoli, dove invariabilmente si è truffati sul peso, si pagano 35 lire al chilo e tre castagne arrosto una lira."

Anche la critica d'arte Palma Bucarelli, una delle donne più ammirate e corteggiate di Roma, dovette fare i conti con il razionamento: "Il pane sarà ridotto da 150 a 100 grammi al giorno, già era tanto poco e cattivo. Dio sa quanto costerà. Rosa mi propone farina a 50 lire e olio a 350. Bisogna comprare, che fra qualche giorno sarà il doppio. Ma i soldi non bastano, bisognerà vendere qualcosa. Mi terrorizza l'idea di essere costretta magari a vendere i libri. Arrivassero presto queste bestie. Ho voglia di vestirmi, di mettermi cose. La bustaia mi dice che ho un busto da statua. Mi fa piacere perché è la prima cosa che si sciupa anche giovanissime".

Il 3 dicembre il pedagogista Guido Della Valle assistette a questa scena: in piazza Colonna alcuni tedeschi stavano vendendo delle sigarette Serraglio a una lira. Si avvicinarono alcuni fascisti, che prima esortarono i tedeschi a cessare la vendita, poco dignitosa, quindi li invitarono a seguirli in piazza Montecitorio, dove i repubblichini avevano il loro quartier generale. Qui decisero di acquistare l'intero quantitativo per mille lire e, tornati in piazza Colonna, lo rivendettero a prezzo maggiorato.

20.

Nel tardo pomeriggio del 7 novembre 1943 Sasà Bentivegna e Carla Capponi uscirono di casa in bicicletta, nascondendo negli impermeabili dei pennelli e un barattolino di vernice rossa. Era sabato. Le ombre avvolgevano la città. Raggiunsero piazza del Popolo e ai piedi dell'obelisco attesero l'arrivo dell'oscurità comportandosi come due innamorati. Quando fu buio Carla estrasse il barattolo della vernice e i pennelli. Erano pronti. In quel momento alcuni tedeschi attraversarono a passo marziale la piazza: Carla fece giusto in tempo a nascondere la vernice quando i soldati, ubriachi, le rivolsero parole sguaiate per poi allontanarsi sghignazzando. Ritirò fuori il barattolo, passò il pennello a Sasà, che scrisse furtivo sul monumento: "W Carlo Marx, W Lenin, W Stalin, W la Rivoluzione d'ottobre". Alcuni passanti si fermarono incuriositi e di fronte a quelle scritte accelerarono. Carla scarabocchiò la falce e il martello su un camion che era stato parcheggiato dai nazisti all'ingresso della piazza, poi con Sasà imboccarono via del Babuino, la percorsero fino a Trinità dei Monti, in piazza di Spagna, dove imbrattarono altri muri. All'indomani la città si svegliò con slogan rivoluzionari, i primi dopo il Ventennio.

Per molti gappisti novembre trascorse nell'addestramento. Non era facile mettere in conto di poter assassinare un uomo. Giorgio Amendola raccontò di un compagno cui venne dato l'incarico di giustiziare un tedesco. Era un compito facile, il tedesco era solo, fermo su un viale, lo si poteva eliminare senza eccessivi rischi. Il partigiano gli si avvicinò, ma non trovando il coraggio di sparare, tornò indietro. "È difficile," disse ad Amendola, "uccidere a sangue freddo uno che non si conosce." "Quando le azioni erano a distanza era facile combattere. Ricordo che durante l'attacco all'albergo Ambasciatori, in via Veneto, un ufficiale tedesco, gravemente ferito, cominciò a urlare e lamentarsi. Io capivo le sue invocazioni. Fu spaventoso per me. Quando si va contro il nemico e si fa del male a un uomo, non è traducibile in parole quello che si prova dentro," rievocò Maria Teresa Regard.

Agire in coppia era una tecnica studiata. Bentivegna-Capponi; Regard-Calamandrei; Fiorentini-Ottobrini. Amoreggiare, ciondolare tenendosi per mano, per poi colpire. "Io e Lucia prima di un'azione tremavamo di paura l'uno per l'altra," ha raccontato Mario Fiorentini. La tensione era doppia. In ciascuno e per l'azione. Dopo bisognava correre a perdifiato, infilarsi in un portone aperto, nascondersi in qualche cantina e lì trascorrere, se necessario, l'intera notte. Marisa Musu venne inserita in un quartetto di cui facevano parte Pasquale Balsamo, Francesco Curreli, Ernesto Borghesi. Una mattina le presentarono Pasquale, con un falso nome. I due scoppiarono a ridere. Si conoscevano sin da bambini. Avevano giocato insieme, nello stesso quartiere.

Si poteva fare diversamente? Si poteva attendere l'arrivo degli Alleati? In fondo sarebbero arrivati, prima o poi. È una tesi che in tanti hanno sostenuto dopo la guerra nel tentativo di sminuire o denigrare la Resistenza. Avrebbe significato accettare passivamente angherie, deportazioni, fucilazioni, rapine, stupri, torture. Giaime Pintor scrisse che ormai si viveva immersi "in un mondo inconciliabile".

21.

Ernesto Borghesi entrò in scena il 19 dicembre 1943.

Si avvicinava Natale. Freddo cane. Strade bagnate. Rari passanti. Un gruppo di compagni, pallidi, tesi, silenti, sostava sotto i pini di Villa Borghese. Arrivò Antonello Trombadori in bicicletta, un uomo dai lineamenti taglienti, la voce forte. Uno di loro obiettò: "Non si può fare, ci sono soldati dappertutto. Ci ammazzano". "Si deve fare," replicò Trombadori. E gli mise in mano una Beretta. Era carica, senza sicura. "Se ci inseguiranno tu dovrai spararagli." Il coprifuoco scattava alle 19. I giovani guardarono oltre gli alberi. L'Hotel Flora si stagliava illuminato nella notte in cima a via Veneto. Vi alloggiavano il presidente e i membri del tribunale di guerra della Gestapo. Una sentinella all'ingresso andava su e giù nervosamente. Il lato del palazzo dove avevano deciso di piazzare le bombe era immerso nell'oscurità. Ognuno rimuginava i propri pensieri. Trombadori ruppe quel raccoglimento: "Sbrigatevi, che tra un po' non potremo più agire". Si mossero. Ora erano di fronte alle finestre dell'albergo. Da lì potevano osservare gli ufficiali e i gerarchi che parlavano tra loro con in mano un bicchiere di vino. Ascoltavano musica. Fumavano. Era stato Trombadori a portare le bombe, confezionate da un giovane con il talento di artificiere, Giorgio Labò. Ordigni a tempo. Tubi di ferro lunghi una trentina di centimetri, del diametro di dieci, imbottiti con quattro chili di tritolo. Miccia di venti secondi. Accensione per sfregamento, senza bisogno del fiammifero o della sigaretta. Ernesto si avvicinò, quindi collocò il suo tubo sul davanzale. Fino al giorno prima era soltanto uno studente in Medicina, un ragazzo come tanti, e quel gesto ora faceva di lui un partigiano.

"Ieri sera," scrive Calamandrei nel suo diario, "abbiamo fatto esplodere due bombe contro le finestre dell'albergo Flora. Con la coda dell'occhio intravvedo nel buio Piera (Maria Teresa Regard) alla mia destra ed Ernesto alla mia sinistra, indaffarati come me alle due finestre vicine. Nessuno per fortuna passava, la via rimaneva silenziosa e vuota nella sua oscurità. Presi fra il pollice e l'indice la testa della miccia, e vi sfregai contro la cartina vetrata. Ma avevo sfregato troppo debolmente: il fosforo non si accese. In quell'istante, dalla parte di Ernesto, un minuscolo zampillo di fiamma improvvisamente apparì. Al suo bagliore vidi Ernesto restare ancora un attimo chino, ridicolmente attonito dietro gli occhiali a stanghetta, poi volgere le spalle e darsi a una corsa pazza verso il fondo della strada."

A Maria Teresa Regard toccò la finestra più esposta su via Veneto. Doveva lasciare la bomba sotto il naso della sentinella che andava su e giù. Non le riusciva però di accenderla. Provò, riprovò. "Feci un ultimo tentativo e finalmente la miccia si accese e appoggiai la bomba sul davanzale. A questo punto mi sarebbe convenuto discendere per via Veneto, piuttosto che passare davanti alle altre due bombe già accese – non sapevo da quanto tempo –, ma vidi avanzare la sentinella e scelsi via Campania. Passando distinsi i puntini rossi delle micce, quasi completamente consumate, e immediatamente dopo ci fu il primo scoppio. I tedeschi sparavano in tutte le direzioni. Svoltai sotto un arco e riuscii su corso d'Italia, ma lì era anche peggio, decine di tedeschi avevano aperto un fuoco indiavolato. Filando come un razzo, china quasi a terra, superai il blocco di porta Pinciana in mezzo alle pallottole, e qui fui salva fra gli alberi di Villa Borghese."

Scriverà nei giorni successivi Calamandrei: "Il nostro lavoro è ridotto ad andare in giro per la città – con la cautela richiesta dal pericolo delle retate – alla ricerca di obiettivi per il giorno in cui il coprifuoco verrà di nuovo ritardato, o almeno Giorgio avrà ultimato certe bombe che sta preparando, nelle quali la miccia è abolita, da poter adoperare in piena luce senza dare nell'occhio. Si vive così in un'aria di vacanza, e i nervi si distendono nelle lunghe ore che siamo costretti a trascorrere in casa, sdraiati sui letti, fumando, conversando o leggendo".

22.

Dopo l'attentato in via Veneto il comando tedesco anticipò il coprifuoco alle 17. Non si poteva più uscire di casa fino alle sette del mattino. Nei primi dieci giorni di dicembre i Gap avevano ucciso sette ufficiali e tre soldati delle SS, fatto saltare quattro camion, attaccato sei posti di polizia. Venne proibito il cambio di domicilio senza autorizzazione e i portieri degli stabili erano responsabili dell'osservanza del divieto. Finirono nella rete dei nazisti mille persone, schedate come sovversive. Agli uomini di età compresa tra i 16 e i 60 anni venne imposto l'obbligo del lavoro, mentre ai giovani delle classi 1923, 1924 e 1925 fu ordinato di denunciarsi ai distretti militari. Per chi non aderiva c'era la pena di morte.

Arrivò Natale. "Giornata triste in fondo, che solo la compagnia degli amici Paschetta e Fabbri ha reso piacevole. Natale in cattività, durante il quale abbiamo ripetuto l'ennesima identica domanda: quando arriveranno?" scrive Trabucco.

"C'era poco da festeggiare. Da mangiare non si trovava più niente se non a prezzi esorbitanti. Anche il carbone era razionato e nelle case faceva un gran freddo. Inoltre c'era la paura per i rastrellamenti dei tedeschi, per cui gli uomini erano chiusi in casa e uscivano il meno possibile. Quel Natale del '43 lo ricordo come il più triste della mia vita," ha raccontato Mario Fiorentini.

E Iole, come lo trascorse? Ernesto le disse qualcosa circa il suo battesimo di fuoco? Scuote la testa: "No, non mi disse niente. Nessuno diceva niente. Era un modo per proteggerci tutti".

23.

"Attaccare i tedeschi era l'unica maniera che avevamo per reagire a quella cappa di piombo che avvolgeva Roma," ha spiegato Mario Fiorentini.

A mezzogiorno del 28 dicembre 1943 Lucia Ottobrini e Franco Di Lernia, un liceale di diciannove anni, si appostarono a livello di ponte Mazzini. In via della Lungara Carla Capponi e Sasà Bentivegna fingevano di essere due fidanzatini a passeggio. Si gelava. Le strade erano deserte. Mario Fiorentini aveva ventidue anni ed era davanti alla prova più difficile affrontata fino ad allora. Salì sulla bicicletta e percorse il ponte diretto al corpo di guardia del carcere di Regina Coeli. Quando vi giunse scese lesto, afferrò l'involucro che aveva appoggiato sul manubrio – uno "spezzone" imbottito di due chili di tritolo – e lo lanciò contro i soldati nazisti appostati davanti al portone del penitenziario. Erano giovani e chiacchieravano tra loro. I detenuti udirono un botto, si affacciarono alle grate delle celle e videro le fiamme. Fiorentini fuggì. "Chinato sul manubrio sentivo le pallottole fischiare tutt'intorno."

Raggiunse l'altro lato del ponte, riuscendo a evitare, per una frazione di secondo, il tram che stava transitando sul Lungotevere. Prese via dei Banchi Vecchi, davanti a un portoncino lo attendevano Lucia e Franco per dargli un impermeabile che lo camuffasse. Mario, in preda alla tensione, nemmeno li vide, e pedalando come un forsennato attraversò corso Vittorio Emanuele, fermandosi infine dinanzi alla libreria antiquaria Bertoni, in via Sant'Agostino. Nel negozio c'era una botola, vi si infilò. Era cianotico. Il titolare, Fernando Bertoni, gli portò un bicchiere d'acqua. Rimase nascosto al buio mentre nel centro di Roma si scatenava la caccia agli autori dell'attentato che uccise sette nazisti e ne ferì venti.

Hitler era furibondo. Rimosse il generale Rainer Stahel dal comando della "città aperta" e lo sostituì con il generale Kurt Maeltzer, che come prima mossa vietò l'uso di qualsiasi bicicletta. "Ai trasgressori si sparerà senza riguardo e senza preavviso," precisò. I romani, ingegnosi, applicarono alle bici una rotella supplementare e sfidarono la proibizione.

L'ultimo dell'anno Rosario Bentivegna e Carla Capponi fecero saltare la centralina antiaerea alla stazione ferroviaria di Trastevere. Nella notte si scatenò un nubifragio, con raffiche di vento oltre i cento chilometri orari. I cittadini, spaventati, chiamarono i pompieri, che risposero desolati che non potevano intervenire. Il comando tedesco aveva vietato le uscite. E con quest'ultima crudeltà morì il 1943.

24.

L'inverno si rivelò durissimo. Mancava spesso la corrente elettrica. L'acqua usciva dalle condutture a intermittenza. Il bagno caldo era ormai un lusso. Nelle case non riscaldate si battevano i piedi per il gelo. I nazisti davano ricevimenti nei grandi alberghi, l'Ambasciatori, il Flora, l'Excelsior (dove alloggiava il generale Maeltzer), la pensione Caterina. I fascisti davano la caccia ai partigiani persino nei conventi. Non si trovava più niente da mangiare. Non c'era più niente da sperare.

Anche adesso è inverno e io vado da Iole. Mi vuole salutare perché si trasferirà dai nipoti, in campagna, a Canino, per le festività natalizie. Il cielo è bianco di neve. Spira un vento di tramontana. Risalgo per le strade della Balduina e mi chiedo per l'ennesima volta cosa ho capito davvero di questa donna: le cose che contano, dico. Ci siamo visti decine di volte ormai, è nata tra noi una forma di distaccata confidenza, mi rassicura il suo ottimismo temperato dall'esperienza, lo sguardo saggio che posa sui fatti del secolo scorso. Ma è tutto più sfaccettato di quel che avevo immaginato all'inizio, più ambiguo. Mi sfugge il finale di questa storia.

Mi stringo nel giaccone mentre percorro via Ugo de Carolis punteggiata di vetrine natalizie. Non devo commettere l'errore di dipingere tutto o nero o bianco, mi perderei le sfumature. "In una strana maniera," disse Sasà Bentivegna in un'intervista, "ci sentivamo molto sereni, molto liberi, molto ricchi, molto vicini a tutti. Le poche cose piacevoli, non so, una bella giornata, un momento di allegria, le godevamo appassionatamente, fino in fondo, in modo addirittura eccessivo. Forse perché potevano sempre essere le ultime." Non devo nemmeno sottovalutare il ruolo decisivo che ebbero le donne come Iole, le staffette. Furono loro a reggere l'impalcatura della Resistenza.

Iole può essere definita un personaggio minore, ma cosa s'intende, in una storia di eroismi, per "minore"?

L'altra sera mi è venuta voglia di rivedere, dopo tanti anni, *Roma città aperta* di Rossellini. Mi colpisce che la celebre scena dell'uccisione di Anna Magnani avvenga a metà del film, non alla fine come ricordavo.

Pigio il campanello. Salgo le scale fino al terzo piano. Lei mi aspetta sull'uscio. "Ragazzo mio, tu lavori troppo," mi fulmina, notando il mio sguardo stanco. Ha preparato il solito mucchietto di immagini sul tavolo e la caraffa d'acqua. Suonano. "Non sono interessata," la sento dire al citofono. "Che rompiscatole, questi agenti immobiliari, disturbano a tutte le ore del giorno. Forse perché hanno capito che ho una certa 'annite'?" ridacchia. E fa le corna verso il ricevitore. Ha tirato fuori da un cassetto la prima tessera del Pci di Ernesto, alla sezione Parioli, in via Angelo Secchi 21. "La aprì lui, appena dopo la guerra," dice. Mi mostra anche foto del loro matrimonio. In una i due si guardano. "Era bello Ernesto," le dico, e so benissimo che gliel'ho già detto. "Altroché," ribatte lei. Osservo la foto di gruppo, con gli invitati, otto persone in tutto. Ernesto è serio, Iole radiosa. Ci sono la nonna Elvira, "l'ostetrica", la nonna Emilia, "la calabrese", i suoi genitori, la nipotina Maria, altre persone che non ho mai visto finora. In un'altra istantanea Iole ed Ernesto sono sulla cupola di San Pietro. "18 ottobre 1942" ha scritto Iole sul retro. Ci sono con loro Ines Argirò, un'amica di scuola, e la nonna Elvira. "Qualcuno vi marcava sempre," la stuzzico. "Non siamo mai stati soli," dice Iole. E alza gli occhi al cielo. Ernesto in quella gita indossa un gessato che oggi metteremmo per andare a un matrimonio. Iole segue la moda italiana, esibendo un cappellino vezzoso. Sono leggeri. Due ragazzi che non immaginano quel che li attende.

Ho riletto alcune pagine de *Le piccole virtù* di Natalia Ginzburg, sottolineando questo passaggio: "C'è stata la guerra e la gente ha visto crollare tante case e adesso non si sente più sicura nella sua casa com'era quieta e sicura una volta. C'è qualcosa da cui non si guarisce e passeranno gli anni ma non guariremo mai. Magari abbiamo di nuovo una lampada sul tavolo e un vasetto di fiori e i ritratti dei nostri cari, ma non crediamo più a nessuna di queste cose perché una volta le abbiamo dovute abbandonare all'improvviso o le abbiamo cercate inutilmente fra le macerie". Lo leggo adesso a Iole. Lei annuisce mentre declamo "c'è qualcosa da cui non si guarisce e passeranno gli anni ma non guariremo mai". Ha come un sussulto. Quando ho finito, dice: "Leggilo ancora".

25.

Pietro Koch, un ex sottotenente dei granatieri di venticinque anni, giudicato dai propri superiori un lavativo, nell'inverno del 1944 si mise a capo di un nucleo di polizia, "la banda Koch", specializzata nella caccia al partigiano. Erano giovani reduci fascisti con tratti pronunciati di sadismo, in cerca di una parte da recitare nel trapasso di regime. Si arrogarono il diritto, in quella terra di nessuno che era la guerra, di fermare i cittadini, perquisirli, arrestarli, rinchiuderli, interrogarli usando feroci atrocità, votandoli alla morte, se del caso.

Pietro era nato a Benevento il 18 agosto 1918. Suo padre, Otto Rinaldo Koch, un ex ufficiale della Marina tedesca, si era trasferito in Italia per fare il rappresentante di una ditta di vini. Qui trovò moglie, Olga Politi. Lasciarono Benevento nei primi anni trenta e si stabilirono a Roma in via Cola di Rienzo 212, nel quartiere Prati. Otto Rinaldo Koch aprì un negozio in via Frattina 10. Una famiglia borghese che poteva permettersi vacanze e svaghi, a Venezia, in Alto Adige. Pietro frequentò di malavoglia l'istituto tecnico Gioberti: al terzo anno, nel 1935, si ritirò. Rimediò, tempo dopo, conseguendo il diploma di ragioniere in un altro istituto. Si industriò come agente immobiliare, emise assegni a vuoto, lasciò debiti e cambiali, un truffatore che si ritrovò sul collo il fiato dei creditori; i provvidenziali ripianamenti del padre lo salvarono dalla galera. Più volte venne fermato in stato di ebbrezza. Entrò quindi nell'esercito, venne congedato, allora si reinventò commerciante di automobili. Nel giugno del 1940, quando l'Italia entrò in guerra, si sposò con Enza Gregori, una donna di buona famiglia e di dieci anni più vecchia. Dilapidò i soldi della moglie con altre donne, nel giro di un solo anno il matrimonio era già finito. A Firenze conobbe una ragazza di sedici anni, Tamara Cerri, e se ne innamorò.

Era corroso dal senso di rivalsa. Pretendeva che il suo nome venisse pronunciato con rispetto e che lo si additasse con ammirazione. Un bell'uomo, alto uno e novanta, il fisico asciutto, lo sguardo duro, penetrante, un piccolo borghese che portava i capelli pettinati all'indietro, lucidi di brillantina, "all'umberta". Un gagà, dall'andatura molleggiata. Le scarpe sempre lucide. Il doppiopetto blu attillato. La camicia di seta bianca con il colletto alto. La cravatta di raso nero. Augusto Dauphiné su "Oggi" lo descrisse "circonfuso di acqua di Colonia, l'eleganza di un barbiere".

Dopo l'armistizio, che lo colse a Livorno, dove era stato inviato per difendere le coste dallo sbarco alleato, iniziò la sua seconda vita. Sentendosi mezzo tedesco, si mise a disposizione dei nazisti. A Firenze, un maggiore dell'esercito, Mario Carità, aveva messo insieme una congrega di picchiatori, "la banda Carità", un'accolita alla cui scuola Koch affinerà le sue arti di aguzzino. A Roma i repubblichini gli misero a disposizione due pensioni, l'Oltremare, in via Principe Amedeo 2, e la Jaccarino, un palazzetto in stile toscano, in via Romagna 38, all'angolo con via Sicilia, non lontano dalla stazione Termini. Volle accanto a sé due segretarie-dattilografe, Alba Cimini e Marcella Stoppani, chiamate ad assistere agli interrogatori dei prigionieri, antifascisti, badogliani, fuggiaschi, renitenti alla leva. Battevano a macchina i verbali, fedeli, impassibili. La Stoppani compose pure una poesia: "Tutti quei che a Roma stanno / per la patria con gran danno / a tramare contro il Duce, / che il fascismo ognor conduce, / han da far con una banda, / Pietro Koch la comanda".

Il primo colpo di Koch fu l'arresto di Mario Caracciolo di Feroleto, l'ex comandante della Quinta armata, uno dei vertici dell'esercito che si era rifiutato di cedere le armi ai tedeschi. Rifugiatosi a Roma, dopo aver tentato invano la difesa di Firenze, trovò riparo nel convento di San Sebastiano, sull'Appia antica. Koch, accompagnato da altri due sgherri, vi fece irruzione grazie a uno stratagemma, mentre quattro nazisti controllavano le vie di accesso. Caracciolo venne portato a Firenze e dato in pasto ai bravi della Carità. In un rapporto inviato al generale Maeltzer, Koch si vantò di riuscire a entrare nei conventi: al Collegium Russicum, all'Istituto Lombardo e a quello Orientale, situati nei pressi di Santa Maria Maggiore. Catturò così il presidente del comitato centrale del Partito comunista italiano, Giovanni Roveda, in aperta violazione delle norme del diritto internazionale sull'extraterritorialità degli edifici del Vaticano. Fece un blitz nell'abbazia annessa alla basilica di San Paolo, e "ciò portò al fermo di altri generali del fu Regio esercito italiano," scrisse a Maeltzer. Elencò i successi ottenuti: oltre duecento arresti, tra cui quattordici partigiani dei Gap.

Alla pensione Oltremare prese per sé la camera matrimoniale numero uno: bei tappeti, paralumi, boiserie. La stanza numero quindici la riservò alle torture: "L'ufficio del dottor Koch" lo definiva pomposamente. Raccontò l'agente di pubblica sicurezza Giovanni Scottu, torturato nella pensione Jaccarino: "Venni fatto sedere su una sedia. Mi passò per il corpo una corrente elettrica. Impallidivo e mi sentivo mancare le forze. Sudavo freddo. Il Koch, con il permesso del questore Caruso, mi malmenava con una violenza selvaggia e inaudita. Il fiduciario del Koch, Walter Di Franco, con l'impermeabile addosso, mi mise un fazzoletto sotto il naso, dicendomi: 'Poverino, asciugati', e nello stesso tempo mi colpì sulla nuca. Il Caruso mi disse: 'Anima nera, metti la testa a posto. Sai qual è la fine che ti aspetta'. Gli risposi che la mia anima era più pulita di quella di qualche altro. Fu una folgore che scatenò il temporale. Non ricordo esattamente come. Fui preso, trascinato nella cella e legato, con le catenelle al polso, a una sbarra alta dal pavimento circa un metro e settanta centimetri". La sera dopo Koch gli puntò una pistola sulla bocca e una sulla tempia e quindi si fece portare nella stanza un telaio sormontato da una striscia di legno larga circa trenta centimetri e lunga un metro, con sei file di chiodi, ben appuntiti e lunghi. Scottu venne denudato. "Mi si appoggia con le spalle su detta specie di 'corde da lana' e, incrociatemi sul petto le braccia, mi si passa sul davanti un'asta piatta di ferro che faceva da cerniera sul lato destro del telaio e che, agganciata sul lato sinistro, mi comprimeva dolorosamente sulla striscia chiodata. Eccitati dal furore, Walter e altri più accaniti mi schiaffeggiavano, mi strappavano i baffi, mi tiravano le ciglia, sparavano qualche colpo di pistola, mi spingevano a destra e a sinistra. Sangue e carne restavano attaccati sulle punte acuminate dei chiodi."

Al partigiano Pier Luigi Sagona spaccarono dieci denti. Sanguinava dal naso e dalle orecchie con un dolore lancinante, insopportabile. Al terzo giorno d'interrogatorio, sdentato, tumefatto, fiaccato dalla fame – non mangiava da settantadue ore –, scorse tre panini con il prosciutto dimenticati su un tavolino, ne afferrò uno e lo inghiottì in un sol boccone. Neppure ad anni di distanza seppe darsi una spiegazione su come riuscì a far passare dalla strozza un panino intero.

Nel gennaio del 1944 Koch venne autorizzato, dall'allora capo della polizia Tullio Tamburini, a costituire un reparto speciale di polizia. La persecuzione si fece metodica. I prigionieri venivano rinchiusi nella carbonaia, in celle ricavate nello scantinato alto un metro e ottanta, o nella soffitta, arredata con un letto matrimoniale, due lettini e un lavandino da cui non scorreva l'acqua. Nessun impianto igienico. Le persiane erano assicurate con sbarre di ferro chiuse da sei lucchetti ciascuna. Nella carbonaia l'unico spiraglio proveniva da una minuscola apertura all'altezza del marciapiede. Si dormiva sul nudo pavimento e il pasto, servito alle 4 del pomeriggio e a mezzanotte, consisteva in una brodaglia nera con bucce di fava. La stanza emanava un tale tanfo che gli inservienti non ci si fermavano un attimo in più dello stretto necessario. Nel silenzio i detenuti sentivano le urla dei torturati. Gli interrogatori notturni erano i più terribili. Bisognava riuscire a tacere per le prime ventiquattro ore, il tempo necessario affinché i compagni, non vedendoli giungere a un appuntamento, o non ricevendo più notizie, si mettessero in salvo e facessero scomparire il materiale più compromettente.

26.

Nell'ora più buia di Roma, Iole ed Ernesto si sposarono.

Era il 5 marzo 1944. Lei aveva ventiquattro anni, lui ventisei. Una foto dei due sposini è appesa in salotto. Il fotografo, Franzelletti, li aveva messi in posa nel cortile della chiesa di Sant'Andrea delle Fratte. Iole indossava un cappottino chiaro ed esibiva il solito sorriso trattenuto. Con la mano destra teneva un mazzo di fiori mentre con la sinistra si aggrappava al braccio di Ernesto, che fissava l'obiettivo con malcelata tensione.

"Rivedo il parroco che ci aspetta sul sagrato. È nervoso, come agitato," dice Iole.

"E perché mai?" le domando.

"Eravamo in piena guerra, la città era pattugliata dai tedeschi. Prevaleva la paura, anche nel prete."

Perché celebrare il matrimonio proprio in quel momento livido, con gli Alleati sbarcati ad Anzio da due mesi ma incapaci di avanzare verso la Capitale? I nazisti, sempre più efferati, davano la caccia agli oppositori con rastrellamenti a tutte le ore.

"Proprio per questo!" risponde. "Per essere almeno marito e moglie nel caso fosse avvenuto l'irreparabile."

Glielo chiese lei, durante le feste di Natale. Lui esitava, forse?

"'Ernesto, stiamo insieme da sette anni, non trovi sia venuto il momento di sposarci?' lo interpellai, seduti nel salotto, dopo il pranzo. 'Hai ragione,' mi rispose. Andai da mio padre ed ebbi il suo assenso, guadagnavo già qualche soldino come sarta ed Ernesto prendeva due lire dall'ospedale militare. Non era abbastanza, ma in qualche modo ce la saremmo cavata. C'erano due intoppi. Ernesto non era battezzato. Mia madre lo costrinse allora a frequentare un rapido corso in parrocchia. L'altro ostacolo erano i suoi genitori, che preferivano che Ernesto finisse prima gli studi, giudicando la nostra scelta avventata. Sette anni di fidanzamento e non era ancora venuto il momento!"

Si siede. Quel ricordo la fa tremare. Percepisco un fitto groviglio di rancori mai sopiti che le ribolle dentro. È una spina indimenticata.

"Sua madre non mi riteneva all'altezza. Me lo disse chiaramente, quando la data delle nozze era già stata fissata: 'Avevamo altri piani per mio figlio'. Disse proprio così. I miei suoceri perciò non vennero al nostro matrimonio. Mamma e papà ci rimasero malissimo. Da parte di Ernesto c'era quindi un solo invitato, il suo testimone di nozze: Mario Fiorentini, il partigiano matematico. Che facesse anche lui parte dei Gap in quel momento non lo sapevo ancora, lo scoprii solo dopo la guerra. Della mia famiglia erano presenti i miei genitori, le mie nonne, la mia testimone di nozze, Virginia Serini con il marito – il cui figlio in quel momento era soldato in Grecia –, mia sorella Vittoria con il marito Romolo (si erano sposati nel dicembre del 1942) e mio fratello Ostilio con la moglie Mira. Renzo, l'altro mio fratello, era al fronte e non ottenne la licenza per tornare a Roma."

Fu una cerimonia semplice. Rapida la messa. "Tutto veloce," ricorda Iole. "Il prete si mangiava le parole, come inseguito da chissà chi. Posammo per le foto di rito nel chiostro e poi ci trasferimmo a casa mia, per il pranzo. Cucinò mamma, un piatto di pasta che ci parve un gran lusso. Ebbi un solo regalo: un'insalatiera d'argento. La uso ancora adesso. Come viaggio di nozze una passeggiata in piazza Mignanelli prima che scattasse il coprifuoco." Iole ne ride.

Si alza, scompare in cucina. Dopo qualche secondo torna con l'insalatiera. "Eccola!" e me la porge. Ha quasi ottant'anni, quell'oggetto, e ogni volta che la tira fuori, riempiendola per i suoi ospiti, non può fare a meno di pensare a quella mattina d'inverno, quando lei ed Ernesto divennero marito e moglie mentre i nazisti terrorizzavano Roma.

Il padre di Iole le procurò una stanza ammobiliata, in piazza di Spagna, al civico 66, e li aiutò a pagare l'affitto. La proprietaria gestiva vari appartamenti e una pensione. Nella camera accanto erano alloggiate le due nonne, sfollate dopo i bombardamenti. Una stanza con il bagno e il cucinino, questo era l'appartamento. "Però dalla finestra ci potevamo affacciare e ammirare la scalinata di Trinità dei Monti ed era bello svegliarsi la mattina nello stesso letto," sospira. "Il giorno dopo la cerimonia tornammo al lavoro. Ernesto al Celio, io al tavolo a cucire vestiti. I tedeschi, dopo gli ultimi attentati, avevano imposto il divieto di circolazione. In casa non si poteva tenere la luce accesa, le finestre erano oscurate, abbassavamo le tende o le coprivamo con fogli di giornale. Si gelava. Era un inverno interminabile. Non trovavo pace. Nemmeno la felicità che mi procurava Ernesto riusciva a placarmi. Le notizie dei combattimenti non incoraggiavano l'ottimismo. Pregavamo sempre per l'arrivo degli Alleati. La ricerca di cibo ci angustiava. Alla borsa nera i prezzi salivano ogni giorno di più. C'erano file lunghissime al Monte di Pietà. Vi si portava di tutto: corredi da sposa, gioielli, fedi, quadri, e con i pochi soldi rimediati si compravano a prezzi da capogiro farina, patate, fagioli. Occorreva ingegnarsi. Le strade erano percorse da sfollati che reclamavano un tozzo di pane.

Chi viveva in campagna, o disponeva di un orto, se la passava un po' meglio."

Cerco nel diario di Franco Calamandrei tracce di Ernesto. Il libro si chiama *La vita indivisibile.* Lo scovo un giorno di ottobre nella libreria Tara, dietro Campo de' Fiori. Subito lì, attorniato dai turisti, corro a leggere quel che Calamandrei scrive alla data del 6 marzo 1944: "Ernesto mi comunica che si è sposato. Si è sposato ieri, ma non ne ha detto nulla, un poco per pudore generico, un poco perché si vergognava particolarmente di avere fatto il matrimonio religioso, accontentando i familiari della moglie. 'Ma ho pensato,' mi dice, 'che l'ufficiale di stato civile, funzionario fascista, non avrebbe valso più del prete: anche lui avrebbe rappresentato una menzogna. E questo mi ha confortato a decidermi.' E va bene! L'importante è che è felice, con una luce di libertà sulla faccia, e una sicurezza insolita. Deve avere significato molto per lui l'abbandono della casa paterna".

È stato il giorno più felice per Iole? Mi piace pensare di sì.

Cerco su Google "Mario Fiorentini" e scopro con un certo stupore che è ancora vivo. Ha centotré anni. Iole recupera dalla sua agendina vintage il recapito di casa e me lo detta. Digito il numero, che risulta inesistente. Recupero il cellulare, lo chiamo impaziente. Mi risponde il nipote, Suriel Capodacqua. Il nonno è ancora in salute, anche se preferisce, a causa della pandemia, evitare incontri in presenza. Quindi me lo passa al telefono. Gli chiedo se ricorda qualcosa del matrimonio di Ernesto e Iole. Ci pensa a lungo. "Non so se andai o se gli feci avere un bigliettino, sa, è trascorso quasi un secolo," dice. "Lei fece da testimone, andò sicuramente," lo incalzo. Per quanti sforzi faccia, per quanto lo solleciti, Mario Fiorentini non ricorda. Sarebbe così importante che tirasse fuori anche solo un frammento, un minuscolo dettaglio. Invece non rammenta nulla.

Del resto, cosa mi aspetto? Una memoria immacolata e nitida quando tutti noi, anche per ricordi recenti, operiamo a volte una imperscrutabile rimozione? Niente è più ingannevole della memoria. "Ernesto," dice Fiorentini a un certo punto, "è stato un fratello, un partigiano determinato, dopo la guerra andò a lavorare in un ufficio vicino al Colosseo, una sorta di esattoria se ricordo bene." "È così," rispondo trionfante. "Che tipo di uomo era?" insisto di slancio. "Capiva la gente. Lucido politicamente. E con un animo da poeta." Ernesto poeta, anche questo è giusto. "E fisicamente?" "Alto il doppio di me, spalle larghe, un giovanottone." La descrizione coincide con il racconto di Iole. Solo del matrimonio Fiorentini si è dimenticato. La sua voce si fa incerta, lontana, deve essersi perso in una nuvolaglia di pensieri. "Pronto?" dico. "Pronto?" "Ricordare Ernesto Borghesi mi costa molto dolore," ammette Fiorentini.

27.

Riferisco a Iole che ho parlato con Mario Fiorentini. "Non ha ricordi del tuo matrimonio," dico.

"Com'è possibile?" mi domanda. "C'era!"

Mi racconta allora dei primi giorni da sposati. "Ernesto usciva di casa la mattina presto, andava in ospedale in bicicletta con lo stemma della Croce Rossa al braccio e rientrava la sera. Mi ingegnavo a preparargli qualcosa di buono sul fornelletto, con quel pochissimo che si rimediava. Non si poteva fare altro che rimanere chiusi in casa. Si annunciava la primavera, la natura tornava a fiorire prepotente. Tutto attorno a noi sapeva di morte. Gli Alleati erano ancora lontani e la gente camminava furtiva, con lo sguardo basso. Anch'io mi guardavo le spalle, avevo sempre la sensazione di essere pedinata. E se qualcuno avesse fatto la spia, rivelando la mia attività di staffetta partigiana? Sarei stata condannata a morte, o reclusa in via Tasso e torturata. Si narravano leggende nere su quel che vi avveniva. C'era l'ossessione delle liste. Tutti le citavano, elenchi di nomi, destinati all'arresto, che correvano di bocca in bocca."

Scuote la testa. La rivelazione sulla dimenticanza di Fiorentini l'ha messa di malumore. Tace d'un tratto, fissando il vuoto con occhi che non guardano.

"A cosa pensi?" le domando.

"Alla paura di quei mesi. Ne derivò un mal di testa lancinante. Avevo, giorno e notte, una pistola immaginaria puntata al capo. C'era un solo farmaco che me lo calmava, il Veramon. Trovarlo però era difficile. Un giorno in farmacia, mentre facevo la fila, riconobbi l'attore Gino Cervi. Soffriva di emicranie pure lui, che era già ricco e famoso. Non sopportavo la vista dei tedeschi. L'angoscia mi stringeva la bocca dello stomaco ogni volta che ne incontravo uno per strada. La prima notte di nozze con Ernesto non riuscimmo a fare l'amore."

Sono colpito dall'inaspettata rivelazione, da quello squarcio di intimità coniugale.

Non so bene come riprendere il discorso.

"Avevate accumulato troppa attesa?" chiedo.

"Anche. Emozione e paura si mischiavano inestricabilmente," risponde. "Provammo a più riprese, quindi rinunciammo. Rimanemmo avvinghiati. Era una notte invernale, chiacchierammo finché giunse l'alba. Per la prima volta eravamo davvero soli. Ernesto mi raccontò dei suoi progetti, di quel che avrebbe voluto fare una volta finita la guerra. Avrebbe aperto uno studio medico, e naturalmente avremmo avuto dei figli, una famiglia, una casa tutta nostra, la quieta normalità fatta di trascurabili riti quotidiani. Non chiedevamo molto, in fondo. Gli domandai: 'Sì, ma quando finirà tutto questo? Quando se ne andranno i tedeschi?'. 'Non lo so,' mi rispose."

28.

Il 7 marzo 1944, a Forte Bravetta, i nazisti fucilarono i gappisti Giorgio Labò e Guido Rattoppatore. Entrambi erano stati seviziati orribilmente nelle cantine di via Tasso. I loro compagni lo appresero leggendo sul "Messaggero" un dispaccio dell'Agenzia Stefani: "Il comando tedesco di Roma comunica che per atti di violenza sono state condannate a morte le seguenti persone: Guido Rattoppatore, Antonio Bussi, Giorgio Labò, Vincenzo Gentile, Augusto Pasini, Concetto Fioravanti, Antonio Nardi, Mario Negelli, Francesco Lipartiti, Paolo Lauffer". Era un lutto enorme con cui fare i conti. Decisero di rispondere.

Inizialmente il progetto consisteva nel compiere un attentato proprio in via Tasso. Maria Teresa Regard, che vi era transitata per pochissimi giorni, aveva disegnato una piantina del palazzo. L'idea venne tuttavia accantonata perché impossibile da realizzare. Mario Fiorentini propose allora di attaccare i tedeschi in via Rasella. "Lui abitava lì vicino, in via di Capo le Case, e ogni giorno vedeva transitare quella colonna tedesca. Passavano verso le 14, cantando in coro quei loro inni tristi e insolenti," ha raccontato Carla Capponi in una lunga intervista all'"Europeo" nel 1964. Optarono per il 23 marzo 1944. "Era una ricorrenza fascista, l'anniversario della fondazione del Fascio," ha spiegato Rosario Bentivegna nella medesima intervista. "L'azione venne approvata dalla giunta militare del Comitato di liberazione nazionale, composta da Giorgio Amendola, Riccardo Bauer e Sandro Pertini. Perfezionammo il piano. Il tritolo sarebbe stato nascosto in un carrettino con bidoni metallici della nettezza urbana: io, vestito da spazzino, dovevo piazzare il carretto in via Rasella, aspettare l'arrivo della colonna tedesca, e a un cenno di Franco Calamandrei accendere la miccia con la pipa."

"Qualche giorno prima," mi dice Iole, "Ernesto mi aveva chiesto di controllare dalla finestra di casa nostra il passaggio della colonna del battaglione Bozen da piazza di Spagna. Dovevo segnarmi gli orari precisi su un foglietto. Cosa che feci per parecchi pomeriggi di seguito. Erano molto puntuali e regolari, nel loro passaggio a passo cadenzato. Venivano da piazza del Popolo, transitavano lungo via del Babuino, quindi passavano sotto casa nostra, accanto all'ambasciata di Spagna, per poi, superata via del Tritone, svoltare in fondo a sinistra. Non mi disse a cosa servisse quella mia osservazione, né io, al solito, glielo chiesi."

"In un primo momento," ha raccontato Marisa Musu ne *La ragazza di via Orazio*, "il piano prevedeva due ordigni fatti esplodere da due coppie, Ernesto Borghesi e io, Mario Fiorentini e Lucia Ottobrini. Nella versione definitiva, invece, la bomba sarà una sola e l'incarico andrà a Rosario Bentivegna, con l'aiuto di Carla Capponi." Ernesto alla fine vi svolse un ruolo di copertura, nelle retrovie.

Nell'esplosione morirono trentatré soldati tedeschi, più due civili, tra cui un ragazzino di dodici anni, Piero Zuccheretti. È il più sanguinoso attentato antitedesco avvenuto in Europa in territorio urbano. All'indomani Hitler ordinò una rappresaglia feroce, facendo trucidare alle Fosse Ardeatine 335 persone, estranee all'azione, tra cui dieci civili arrestati casualmente nei pressi del teatro dell'attacco. Pietro Koch fornì a Kappler i nomi di alcuni oppositori politici. È una vicenda dolorosa sulla cui legittimità morale si sono interrogati per decenni storici, forze politiche, l'opinione pubblica, e che fu oggetto persino di controversie giudiziarie.

"Dovevamo far qualcosa, per fare capire ai tedeschi che c'era parte della popolazione che si ribellava alle loro angherie," dice Iole. "Non rispettarono mai lo status di 'città aperta', spadroneggiando brutalmente. Nessuno dei gappisti poteva però pensare che ci sarebbe stata una simile rappresaglia: dieci italiani uccisi per un tedesco. Si confermarono ancora una volta dei vigliacchi, perché scelsero uomini che non c'entravano nulla con l'attentato." E poi, dopo una breve pausa, aggiunge: "Purtroppo ho svolto anch'io un ruolo in questa vicenda".

29.

"Bussarono. Alzai lo sguardo verso l'ingresso. L'orologio segnava le nove del mattino. 'Chi può mai essere, a quest'ora?' pensai posando sul letto il vestito a cui stavo lavorando. Aprii. Sull'uscio trovai mio padre e un lungagnone dal viso intelligente, che Ernesto mi aveva presentato alcuni mesi prima: Franco Calamandrei.

"'Che succede?' chiesi allarmata.

"'Hanno arrestato Ernesto,' disse Franco, quando richiusi la porta alle nostre spalle.

"'Hanno arrestato Ernesto?' ripetei balbettando.

"'Si trova al commissariato Parioli,' aggiunse Franco.

"Papà mi guardava senza fare commenti. Poi disse: 'Iole, vestiti e raggiungilo'.

"Non chiesi altri particolari, né Franco me li fornì. Mi cambiai, scesi giù, inforcai la bicicletta e raggiunsi i Parioli. La testa mi esplodeva. 'Arrestato!' ripetevo dentro di me. Il dirigente di polizia cui mi rivolsi mi concesse di salutarlo brevemente, quindi m'introdusse in una saletta. Ernesto era seduto su una panca, in compagnia di una donna che non avevo mai visto prima, Marisa Musu. Mi sorrise. Chiesi all'agente che lo piantonava se potevo abbracciarlo. Annuì. Lo strinsi forte. 'Nascondi le armi,' mi sussurrò.

"'Oddio, le armi.' Mi si gelò il sangue. 'Cosa hai fatto?' gli domandai, d'istinto.

"Ernesto mi abbracciò più forte, senza rispondere.

"Il sudore m'imperlava la fronte. 'Deve andare,' ordinò l'agente. Tornai di corsa a casa. Salii a perdifiato le scale. Ero terrorizzata dalla possibilità di essere in ritardo, temevo che la polizia avesse già fatto irruzione in mia assenza. Aprii l'armadio. Le armi erano ancora lì. Raccolsi le tre pistole custodite in una sacca, le infilai in una borsa della spesa, dopo averle avvolte in un fagotto di biancheria. Telefonai a mio fratello Livio: 'Vieni subito qui!' gli ordinai. Livio aveva quindici anni ed era liceale al San Giuseppe. Quella mattina, non so perché, non era andato a scuola. Arrivò di corsa. Gli diedi il fagotto: 'Mettile al sicuro'. Non fece domande. Nessuno faceva domande. Dove le abbia nascoste non l'ho mai saputo. Non tornammo più sull'argomento."

È il 7 aprile 1944. Nel suo diario Franco Calamandrei scrive che quella mattina aveva un appuntamento con Ernesto, che però all'ora convenuta non si era presentato. "Ci preoccupiamo per lui. Infatti, da Fernando che incontro in piazza Navona all'appuntamento dei gruppi di Gu. e Ra. so che è accaduto questo: Ernesto, Pasquale, Rosa e lui hanno appostato stamani Vittorio Mussolini. Già armati, senza le debite cautele. Per l'appunto la via era stata due giorni fa teatro di una rapina di centomila lire o dieci milioni, non so. C'era molta polizia in borghese. Un agente ha fermato Pasquale e l'ha portato in un portone. Pasquale ha chiamato aiuto. Fernando è intervenuto, ha sparato sull'agente ed ha liberato Pasquale. Poi è fuggito, sentendo dietro di sé altri colpi. Poco più tardi sappiamo che qualcuno, non sappiamo chi, si è rifugiato in casa di Giuliana, e lì inseguito è stato arrestato. Cala sopra di noi una cappa di piombo. Alle ore 14 incontro, con S. (Spartaco, Carlo Salinari) e Valentino, Furio. Dice che Ernesto, Rosa e Pasquale sono gli arrestati.

Ernesto è ferito gravemente. Avverto la moglie di Ernesto. Avverto il padre di Ernesto, gli dico la verità, meno la ferita. Le lacrime gli affiorano negli occhi. Le telefonate, alla madre di Rosa, alla sorella di Pasquale, e le voci si affievoliscono alla notizia. Nella moglie di Ernesto c'è una rassegnazione dolce, un dolore esitante."

È Venerdì santo. Ernesto trascorrerà la Pasqua in carcere.

"Che momenti terribili!" dice adesso Iole, passandosi una mano sulla collana di perle. "La mattina che lo arrestarono facemmo colazione insieme e poi Ernesto mi salutò dandomi un bacio sulla guancia. 'A stasera,' disse. Era prestissimo. Invece che in ospedale era andato in via Lima, ai Parioli. Lì abitava Vittorio Mussolini, il secondogenito del Duce, che ogni mattina usciva senza scorta per andare a prendere la sua auto in garage. I Gap intendevano eliminarlo. L'uccisione faceva parte di un piano più complesso. Era infatti strumentale a colpire il questore di Roma, Pietro Caruso, un collaborazionista temuto per i suoi metodi senza scrupoli. I Gap avevano già cercato di ucciderlo, ma l'impresa si era rivelata fuori dalla loro portata, Caruso era scortatissimo. Pranzava al ristorante Alfredo, in via della Scrofa, circondato da uomini armati fino ai denti. Colpirlo lì era risultato impossibile. Quindi si era decisa la variante del funerale. Eliminare il figlio del Duce, attirare le autorità al Verano, dove collocare una finta edicola di fioraio piena di esplosivo, da far deflagrare al passaggio del questore: questo era il piano."

L'idea era stata di Carlo Salinari. Scelse cinque uomini: Fernando Vitagliano avrebbe dovuto sparare a Vittorio Mussolini, Franco Ferri coprirgli le spalle, Pasquale Balsamo, Marisa Musu ed Ernesto Borghesi appostarsi in prossimità del pzzzortone. Mentre aspettavano nei pressi dell'abitazione di Mussolini, il portiere dello stabile di via Lisbona 11, all'angolo con via Lima, li segnalò alla guardia scelta di pubblica sicurezza, Carmine D'Angelo. Il poliziotto s'insospettì e chiese i documenti: poiché Balsamo non li aveva, lo invitò a seguirlo all'interno. Fernando attraverso la vetrata sparò due volte. Il poliziotto si accasciò a terra ferito. Pasquale riuscì a scappare. Anche Ernesto e Marisa fecero fuoco, poi fuggirono a piedi verso via Salaria, inseguiti da alcuni agenti di un posto di guardia. Dopo pochi passi scoprirono però che sulla via di fuga c'era un posto di blocco tedesco. Marisa Musu si accorse che si trovavano davanti al portone di un palazzo in cui abitavano due compagne: Giuliana e Marcella De Francesco. Salirono le scale. Suonarono. Aprì la domestica. Alle sue spalle fecero capolino interrogative Giuliana e Marcella, i loro genitori, una sorellina e un fratellino. Marisa chiese di poter entrare. "Vi hanno visti?" domandò la signora De Francesco. "Non so," rispose Marisa. Si affacciò da una finestra del pianerottolo che dava sul cortile e per un momento pensò di gettarsi giù con le bombe a mano azionate. Ebbe un attimo di esitazione. Rinunciò. I poliziotti italiani stavano già salendo le scale – sentiva le loro voci concitate – e controllavano gli appartamenti uno a uno. Pochi minuti dopo suonarono. La signora De Francesco aprì la porta. Entrarono. "Siete tutti in arresto!" urlarono i poliziotti.

30.

"Dove avete messo il malloppo?" chiese il commissario Antonio Colasurdo.

"Quale malloppo?" pensò Ernesto.

Ricevettero pugni e schiaffi.

"Vi conviene confessare, è interesse vostro. State rischiando grosso. Avanti, vuotate il sacco. State con il gobbo?"

"Chi è il gobbo?" pensò di nuovo Ernesto.

Era un interrogatorio bizzarro.

Scriverà Marisa Musu nelle sue memorie: "Tacciamo, Pasquale, Ernesto Borghesi e io, dominati, quasi certamente, dallo stesso pensiero: che è arrivata, per ciascuno di noi, l'ora della verità, l'ora di fare una scelta. O parlare, e, probabilmente, salvarsi, o affrontare non più solo queste violenze iniziali, ma la tortura e la morte, e che se scartiamo la prima ipotesi la fucilazione sarà comunque l'ultimo esito. Non soltanto perché siamo stati presi con le armi, ma addirittura dopo una sparatoria, nella quale un collega di coloro che ci stanno interrogando è stato gravemente, forse mortalmente, ferito".

Non vennero portati in via Tasso, come temevano. Né in via Romagna, dove operavano i torturatori della banda Koch, bensì al commissariato di polizia del quartiere Salario. Era un'altra stranezza per dei partigiani sorpresi sotto l'appartamento del figlio del Duce.

"Riflettete," disse il commissario Colasurdo, quando li rinchiuse nelle cellette.

Dice Iole: "Ernesto prima di sera venne trasferito al commissariato di piazza del Collegio romano, sede della polizia centrale, dove fu messo in isolamento".

Scrive Marisa: "Impariamo rapidamente l'arte di comunicare battendo contro la parete. Provo io con l'alfabeto Morse, poi, non avendo risposta, tento con l'ordine alfabetico: un colpo per A, due per B, tre per C, per Z bisogna faticare un po' di più. Batto su una delle pareti: 'Sono Marisa'. Arriva subito la risposta: 'Sono Pasquale'. È un metodo lento, faticoso, in mancanza di matita e carta devi fare i conti a forza di memoria. Ed ecco arrivare da Pasquale un messaggio interminabile, ma anche sintetico: una C, una A, ben due Z, una O. In nessuna circostanza, per nessuna ragione, Pasquale rinuncerebbe a incarnare il personaggio deamicisiano di Franti. Un po' ritrovo fiducia in me stessa. Ernesto tace, evidentemente la sua cella non è contigua".

Annota angosciato Calamandrei nel suo diario: "Poi alle 19, da S. (Spartaco, ovvero Carlo Salinari) l'assurda notizia che Ernesto, Rosa e Pasquale sono alla centrale giudiziaria, accusati di tentata rapina. Senso di disgusto, di fastidio, tutto ciò poteva essere evitato se si fossero avuti gli scrupoli più elementari. Colpevole precipitazione. E incuria da parte di S. A casa traduco con stanchezza un po' di Diderot".

Calamandrei è furibondo: "Incontro S. (Spartaco) e G. (Giovanni). S. (Spartaco) con lucida onestà ammette di essere in gran parte responsabile di quanto è accaduto ieri. Siamo storditi e perplessi. Cerchiamo di riprendere le fila delle azioni. A casa della moglie di Ernesto la madre di lei mi dice: 'Almeno fosse successo prima! Mia figlia ora non si troverebbe nei guai!'. La questura per ora è convinta trattarsi di tentata rapina: per quanto sembri pazzesco. Vedo il padre di Ernesto che torna dalla questura. Il commissario che ha in mano la pratica ha capito benissimo la natura della cosa: '*Ccà nisciuno è ffesso*,' gli ha detto. Ma vuole favorire i prigionieri".

Alle tre del mattino Ernesto e Marisa vennero prelevati e portati in una stanza immersa nel buio. C'era solo un tavolo rischiarato da una lampada, dietro il quale erano seduti due uomini. Il commissario Antonio Colasurdo, accento napoletano, tono cordiale, e il commissario De Longis, capo della squadra mobile, più riservato. "Eh, figli miei. Ci dispiace moltissimo, abbiamo fatto un errore. Ma anche voi, che cosa avete combinato..." motteggiava Colasurdo. "Dunque, il Comitato di liberazione nazionale ci ha informati ieri sera che siete tre gappisti e che eravate impegnati in una missione di guerra. Noi siamo mortificati, ma voi, guaglioni miei, ci avete messi in un bell'impiccio."

De Longis cominciò a dipanare la matassa dell'equivoco. La notte prima, nella casa di via Lima era stato tentato un furto con scasso. L'obiettivo dei ladri erano i Colombo, una ricca famiglia dei Parioli che in quel momento era fuori Roma. I ladri miravano ai gioielli della signora, ma, disturbati dai rumori, erano stati costretti a una fuga precipitosa. Allora la squadra mobile, nella convinzione che i malviventi sarebbero tornati la notte successiva, aveva fatto appostare alcuni poliziotti nei paraggi, tra cui l'agente D'Angelo. Ecco quindi spiegate le domande sul malloppo: li avevano presi inizialmente per dei malviventi.

"La cosa migliore," disse Colasurdo a Ernesto e a Pasquale, "è che voi due confessiate di aver messo su una piccola banda di rapinatori e di aver progettato questo colpo. I dati ve li diamo noi. Il problema è la signora." E accennò a Marisa. "Ha diciotto anni, è figlia unica, di buona famiglia. Non è credibile che anche lei faccia parte della banda. Allora facciamo così. Tu sei innamorata di questo fetentone," e guardò con complicità Pasquale, "e sei andata lì, ignara di tutto, mentre lui in realtà ti voleva usare come copertura. Tu credevi che fosse un appuntamento amoroso, alle sette del mattino ti sarà parso un po' strano, ma ci si può passare sopra." Colasurdo si sedette alla scrivania e batté personalmente i verbali della confessione. Quando finì disse: "Gli americani sono ormai vicini a Roma. Se riusciamo a prendere tempo fino al loro arrivo, siete salvi".

Il commissario Antonio Colasurdo aveva trentatré anni. A diciannove si era iscritto ai Guf, i Gruppi universitari fascisti. Con la qualifica di camicia nera partecipò alla guerra di Etiopia, quindi entrò in polizia, con il grado di vicecommissario, il primo dicembre 1937. "Colasurdo," scrive Luca Saletti in *Roma durante l'occupazione nazifascista*, "fu una delle figure più controverse della polizia romana, alternativamente considerato un eroe della Resistenza, un doppiogiochista senza scrupoli o un subdolo collaborazionista, protagonista di molte fra le vicende più intricate del periodo."

Mise a confronto Musu con una cameriera che in via Lima aveva aperto la finestra per battere i tappeti e che l'aveva vista sparare.

"Quella brunetta gelosa lì sparava al fidanzato," disse la cameriera.

I poliziotti le chiesero se portava gli occhiali.

"Sì, li aveva."

"Ma questa ragazza non li porta," eccepirono i poliziotti, guardando Marisa. "Vedi, ti puoi sbagliare, così come ti sei sbagliata per la rivoltella."

La ragazza vacillava. "Sì, può darsi," biascicò intimidita.

I poliziotti verbalizzarono: "La teste non è più sicura".

Il poliziotto D'Angelo si salvò. Fu il portafogli, tra le cui banconote era riposto un santino, ad attutire il colpo. La rivoltella di Marisa, lasciata in casa De Francesco, venne fatta sparire. Ernesto finì a Regina Coeli, Marisa alle Mantellate. La notte prima del trasferimento, un poliziotto entrò nella cella di Marisa e chiuse la porta. Le sue intenzioni erano chiare. "Gli dissi molto tranquillamente che, se intendeva farmi violenza, la forza era dalla sua, ma io ero ancora vergine. Tornò sui propri passi."

"Quindi hai sposato un ladro?" chiese affranta la madre a Iole, che non ebbe il coraggio di dirle come stavano le cose. "Un ragazzo così educato, serio, di buona famiglia. Com'è stato possibile?" ripeteva la madre singhiozzando. Iole allora tornò nella sua stanza per non sentirla, si chiuse la porta alle spalle e pianse a sua volta: "Mandavo giù dei gran bocconi amari".

31.

"Eravamo sposati da un mese ed ecco che mi ritrovavo con un marito detenuto. Accusato di essere un rapinatore," dice Iole. "Se avessero scoperto la sua attività di partigiano, lo avrebbero fucilato immediatamente. Mi consolavo così. Iniziarono le attese per consegnargli la biancheria, le penose file davanti al carcere. Lo rividi dopo qualche giorno, autorizzata a un colloquio dietro le sbarre nel parlatorio. Le guardie ci sorvegliavano. Non potevamo toccarci. Tornai a casa più triste di quando ero uscita. Presi in mano un libro. Non riuscivo a concentrarmi. Piansi. Regina Coeli era una sozzura. Una volta alla settimana gli portavo i vestiti puliti. Consegnavo il pacco attraverso delle grate, l'agente in cambio mi dava la roba sporca. Quando rientravo a casa mettevo tutto a bollire, per uccidere zecche e pidocchi. Quindi m'infilavo nella chiesa di Sant'Andrea delle Fratte, dove ci eravamo sposati, e mi inginocchiavo a pregare.

"I pidocchi," ripete Iole più volte, "Ernesto era tormentato dai pidocchi. Ricordo che ne parlava nelle lettere che mi scriveva."

"Pidocchi" scrivo sul mio taccuino e cerchio la parola in rosso.

"Dove sono queste lettere?" le chiedo.

"Non le trovo."

"Hai conservato tutto, possibile che tu non le abbia?"

Scuote la testa.

"Chissà dove sono finite," dice.

Un pomeriggio di luglio, mentre sono al giornale, squilla il cellulare. "Le ho trovate! Le ho trovate!" urla trionfante Iole.

"Cosa?" chiedo distratto.

"Le lettere dal carcere."

All'indomani torno da lei alla Balduina. Mi fa trovare una busta bianca sul tavolo del soggiorno con sopra incollato un francobollo da 50 lire. Sul retro: "Mittente: via della Lungara 29". Davanti c'è scritto: "Gent.ma Iole Borghesi presso Mancini, piazza Mignanelli 7, Roma".

"Bella residenza in via della Lungara," dico per alleggerire la tensione.

"A cinque stelle," risponde lei.

La prima missiva è datata 22 aprile 1944.

Iole mia, questa è la prima lettera che scrivo alla signora Borghesi. Te la mando da Regina Coeli. Non mi sarei mai immaginato una cosa simile. Come tu non pensavi di passare come hai passato la tua prima Pasqua di sposa. "Non te lo perdonerò mai!" mi hai detto in questura. Dal tuo punto di vista avevi ragione. Ma devi pensare, e sapere, come pensi e come sai che tuo marito ha la coscienza più che tranquilla e che nulla di male può accadergli. E questo doloroso equivoco sarà chiarito in una maniera o nell'altra o forse molto prima di quanto pensiamo. Iole mia, ne abbiamo passate tante in questi sette anni da quando ci siamo conosciuti. E oggi il nostro affetto ne è uscito più saldo e più duraturo. Passerà anche questa. Il nostro dolore di oggi ci farà sembrare più vera la nostra gioia di domani. Io ti ho sempre fatto tante promesse, è vero, ma tu sai che io prima o poi ho sempre mantenuto. Ebbene, ti prometto che finché la morte non ci dividerà passeremo tutte le Pasque insieme. E poiché il destino ha voluto che io scriva la prima lettera a mia moglie dal carcere, spero che non dovrò scrivertene altre da nessun altro posto, capito? Io sto bene. Meglio che in questura. Ho fatto il bagno, la barba e data la mia situazione è tutto quello che posso desiderare, ma tu sai in che direzione vanno i miei pensieri e i miei desideri. Ciao Iole, un bacione e un arrivederci dal tuo Ernesto. Tanti saluti a tutti i tuoi.

Il 27 aprile le scrive:

Iole mia, ecco la seconda lettera che ti scrivo da via della Lungara. Sono passati cinque giorni da quando ci siamo visti l'ultima volta e sono stati molto lunghi da passare. Ancora non so niente del permesso di avere libri per motivi di studio. Le giornate quindi trascorrono pressappoco come prima, con la sola differenza che ormai mi sono abituato discretamente, soprattutto nella maniera di far passare il tempo. Ci sono le ore in cui si fa pulizia, l'ora in cui si mangia, l'ora in cui si riposa e l'ora in cui si pensa. E tu sai a che cosa io posso pensare. Penso a te, che vivi sola in quella stanza in cui desideravamo tanto stare insieme. Pazienza! Avremo parecchio tempo per rifarci. Ho ricevuto ieri il tuo pacco, ti ringrazio tanto per tutto il contenuto. Hai avuto un pensiero davvero carino. La polvere antiparassitaria è proprio quella che ci vuole qua dentro. Arrivederci, a presto, Ioletta mia, non vedo l'ora di poterti abbracciare. Ogni volta che aprono la porta spero che sia una buona novità. Tanti saluti, bacioni dal tuo Ernesto, che ti vuole più bene di prima.

La terza lettera è del 5 maggio.

Iole carissima, ho ricevuto l'altro ieri, mercoledì 3 maggio, la tua lettera e da allora non vivo più tranquillo. Sabato scorso e domenica sapevo che i colloqui erano sospesi per qualche giorno e quindi non ero preoccupato, ma adesso siamo al 5 maggio e i colloqui sono ricominciati e voi non vi siete fatti vivi. Come mai? Ti senti male? Io spero ancora che veniate domani, sabato o perlomeno domenica, ma se non potete scrivetemi e tranquillizzatemi. Io sto ancora nella cella normale. Ormai ci sono abituato. Ti ringrazio per la polvere che va benissimo. Purtroppo ne serve dell'altra. E un pettine fitto e uno shampoo e del sale e tante altre cose. Ma conto di dirtele tutte a voce. Si vive sempre in attesa e io attendo sempre. Coraggio, Iole mia, cerca di essere serena e fiduciosa. Presto saremo di nuovo insieme nella nostra camera, che non sarà più vuota. Saluta tutti, dai un bacio particolare a Maria, dal suo zio. E a te un abbraccio e arrivederci a presto, da tuo marito, Ernesto.

A metà maggio Ernesto Borghesi venne trasferito nella pensione di via Romagna, a disposizione della banda Koch. "Lo ha visto il padre di Nello," scrive nel suo diario Franco Calamandrei. "In via Romagna il padre di Nello fu messo a confronto con Ernesto. Dopo il confronto Ernesto avvicinatosi a Tromb. lo pregò di andare a casa sua per avvertire che per lui ormai non c'è più nulla da fare."

32.

Alfredo Monaco e Marcella Ficca si erano innamorati da studenti. "Scoprimmo di avere le stesse idee e sin da allora abbiamo fatto delle scelte gravi, che capivamo pericolose, ma che ci sembravano imprescindibili. Non potevamo sopportare la soppressione della libertà fatta dal regime fascista," raccontò Marcella a Cesare De Simone in *Roma città prigioniera*. Alfredo Monaco era il medico del carcere di Regina Coeli. Nel 1944 aveva trentatré anni. Marcella ne aveva ventinove. Una donna bionda, allegra, fiduciosa. Avevano due figli: Giorgio, di tre anni, e Fabrizio, di due. Amici fraterni di "Sandrino", come chiamavano Pertini, aderirono senza esitazioni alla Resistenza nelle Brigate Matteotti. Partigiani socialisti impiegati nel cuore del penitenziario più importante della città.

Occupavano l'appartamento di servizio, cui Monaco aveva diritto per via della reperibilità notturna. Vi si accedeva dal portoncino posto a sinistra del portone principale, in via della Lungara. Dalle finestre dell'abitazione che davano sul cortile interno, potevano osservare i detenuti mentre passeggiavano nell'ora d'aria. Liberi di muoversi, tenevano i contatti con l'esterno, veicolando ai detenuti politici i messaggi dei capi militari delle Matteotti. Talvolta le riunioni più segrete avvenivano proprio a casa loro, attorno a un tavolo imbandito con il cibo che i pazienti di campagna donavano a Monaco. A quel desco, dopo l'8 settembre, si ritrovarono i principali esponenti della Resistenza socialista e azionista: Sandro Pertini, Giuseppe Saragat, Giuliano Vassalli, Peppino Gracceva, Massimo Severo Giannini, Leone Ginzburg, Riccardo Bauer, Manlio Rossi Doria.

Dal terzo braccio del carcere, controllato dai nazisti, giungevano grida atroci. I tedeschi torturavano. Marcella decise di spostare i letti dei suoi bambini in un'altra stanza per non spaventarli.

Tra i detenuti c'era anche Pertini. Il 18 ottobre 1943 era stato arrestato dopo una riunione clandestina in via Nazionale, tradito da una spia. All'incontro era presente anche Pietro Nenni, il capo dei socialisti italiani a lungo in esilio in Francia, ma esibì dei documenti falsi e fu lasciato andare. Pertini venne condotto a Regina Coeli e poi in via Tasso. Non parlò. Tornato in galera, incrociò il prete della Resistenza, don Giuseppe Morosini, che Roberto Rossellini fece interpretare ad Aldo Fabrizi in *Roma città aperta*. "In un primo momento fui messo in una cella con due ufficiali, un colonnello e un tenente. Li trovai in uno stato terribile. Successivamente, noi fummo trasferiti al braccio tedesco," scrisse anni dopo. Era il 15 novembre 1943. La cella era la numero 388. "Un giorno vidi portare via un maresciallo dei carabinieri, con il quale avevo fatto amicizia. Il maresciallo mi disse: 'Guardi il destino. Prima ho arrestato dei socialisti. E adesso ci ritroviamo in carcere per lo stesso motivo'. Lui era in prigione perché badogliano. Una mattina passano a prenderlo. Io apro lo spioncino. Mi passa vicino, mi saluta e io, commosso, gli dico: 'Coraggio, maresciallo'. Risponde: 'Buona fortuna a lei'. Lo portano via, ma ritorna verso le undici e dice: 'Ci hanno graziato'. 'Oh,' dico, 'sono contento.' Che cosa avevano fatto i nazisti? Li avevano portati a Forte Boccea. Li avevano messi al muro. Poi il tenente che comandava il plotone dice:

'Siete fortunati, tornate a Regina Coeli, niente esecuzione'. Al mattino dopo li riprendono di nuovo. Quando passano dico: 'Come?'. 'Ci hanno ripresi,' mi fa lui. Questa volta li portarono e li ammazzarono. Gli avevano fatto questa beffa. E ricordo poi in quel braccio una cosa che non ho mai dimenticato: una madre e una figlia arrestate per spionaggio. E la figlia era aggrappata alla porta e gridava: 'Non voglio morire, non voglio morire!'. Una scena straziante. Me la ricordo, sempre. Ricordo che, vicino al cortile, dove si faceva il passeggio, c'era la cella dove i tedeschi facevano gli interrogatori. Volevano che i detenuti politici, quando andavano al passeggio, sentissero le urla dei torturati. Lo facevano per intimorirci, per dire: 'Poi tocca a voi'."

Pertini venne condannato a morte. La notizia trapelò all'esterno.

Il 23 gennaio 1944, all'indomani dello sbarco alleato ad Anzio, Pietro Nenni bussò al civico 28 di via della Lungara. Era agitato. "Alfredo, bisogna farli uscire subito!" disse a Monaco. "Altrimenti i tedeschi se li porteranno via. Uccideranno Sandrino." Organizzarono in fretta e furia una riunione, a cui parteciparono i principali esponenti delle Brigate Matteotti: il comandante militare Peppino Gracceva, Giuliano Vassalli, Massimo Severo Giannini, Pietro Nenni, Altiero Spinelli, Eugenio Colorni. Si decise di far scappare Pertini, Saragat e altri cinque compagni utilizzando dei falsi moduli di scarcerazione. L'avvocato socialista Filippo Lupis, grazie ai buoni rapporti con un agente di custodia addetto all'Ufficio matricola del carcere, il capoguardia Ugo Gala, si procurò il documento originale per l'ordine di scarcerazione. Marcella Ficca corse in un negozio di timbri in via del Piè di Marmo e si fece fare, dal titolare amico, un timbro uguale a quelli in uso al tribunale militare. Un altro compagno, Brunacci, venne incaricato di riprodurre i moduli in più copie.

Servivano però i dati anagrafici esatti dei sette. Qui entrarono in scena Giuliano Vassalli e Massimo Severo Giannini. Entrambi, fino all'8 settembre, avevano prestato servizio al tribunale militare. Si ripresentarono alla Procura generale e si offrirono, visto che sapevano il tedesco, come traduttori dei fascicoli giudiziari. Il tribunale ormai era sotto la giurisdizione tedesca e il loro aiuto era ben accetto. Copiarono perciò i dati dei loro compagni incarcerati e li trascrissero in altrettanti moduli: sette foglietti per la liberazione dei prigionieri politici Sandro Pertini, Giuseppe Saragat, Luigi Andreoni, Torquato Lunedei, Ulisse Ducci, Luigi Allori, Carlo Bracco. Come motivazione addussero: "Perché concessa la libertà provvisoria". Marcella si allenò a copiare la firma del procuratore militare. Nel frattempo i sette, con uno stratagemma, erano stati trasferiti nel sesto braccio sotto l'egida delle autorità italiane: Vassalli e Giannini erano riusciti a convincere i poliziotti e cancellieri amici che avevano a palazzo di giustizia. Nel terzo braccio, quello dei nazisti, anche le guardie penitenziarie erano infatti delle SS. Non vi accedeva alcuno che non fosse tedesco.

La sera del 23 gennaio 1944 Alfredo Monaco avvisò la guardia di turno al sesto braccio: "Di' a Pertini che stanotte deve sentirsi male". Pertini simulò un attacco di appendicite, accorse Monaco che finse di visitarlo. Gli sussurrò: "Sandrino, stiamo preparando la vostra evasione. Dillo però solo a Saragat. Tenetevi pronti".

All'indomani, alle 13, gli ordini perfettamente compilati furono portati da Marcella Ficca all'agente di custodia Schlitzer, di servizio al centralino. "Ci penso io," disse il tedesco. Era un pomeriggio freddo e umido. Il Tevere gonfio di pioggia. Schlitzer si recò all'Ufficio protocollo, diede i sette foglietti a Gala, che li portò al direttore Donato Carretta, al corrente di tutto, informato dalla signora Ficca. Le telefonò: "Ho ricevuto. Ma le devo dare una brutta notizia. Non li posso più rilasciare direttamente, li devo far passare per l'ufficio politico della questura, per la vidimazione". "Mamma mia!" si disperò Marcella. "Cosa facciamo?" "C'è una scappatoia," disse Carretta. "Se ricevo un ordine telefonico dalla questura, li posso liberare io. Il tempo stringe. Siamo a ridosso del coprifuoco."

Erano le sedici. Restava un'ora di tempo.

Carretta propose di rinviare il tutto all'indomani.

"Impossibile!" replicò Marcella. "Non c'è tempo da perdere. Pertini rischia la fucilazione."

C'era una sola cosa da fare: simulare una finta telefonata della questura.

Marcella chiamò Lupis. Era siciliano. "Tu hai la parlata perfetta da poliziotto," gli disse. "Vieni subito!"

Cercarono un telefono pubblico. Corsero a un apparecchio in via della Lungara. Il numero di Regina Coeli era sempre occupato. Raggiunsero un negozio all'inizio di corso Vittorio che aveva un apparecchio. Niente da fare. Marcella telefonò al centralino della società dei telefoni. "C'è un guasto, signora," le risposero. "Abbiamo fallito!" concluse Lupis. "No, non mi arrendo," non si diede per vinta Marcella. Ebbe un'illuminazione. Gli uffici della Pai, la Polizia dell'Africa italiana, avevano una linea diretta con il carcere. "Perché non mi è venuto in mente prima?" e si batté il palmo sulla fronte. Suo fratello Luciano lavorava proprio lì. La sede era al di là del Tevere, in piazza di Santa Maria a Trastevere. Ripresero a correre. Alla Pai era impiegato anche un loro conoscente, Vito Maiorca, un simpatizzante dei socialisti. Marcella entrò nella palazzina, cercò Maiorca, lo prese in disparte, gli disse che Lupis doveva fare una telefonata di carattere riservato a una signora. Quindi i due uscirono in corridoio, mentre Lupis compose il numero del carcere. Chiese, con voce da attore, dell'Ufficio matricola: "Qui parla l'Ufficio politico, divisione quarta. Sono arrivati da voi sette ordini di scarcerazione, buttateli fuori subito".

"Ma tra poco c'è il coprifuoco," rispose il funzionario dell'Ufficio matricola.

"Affari loro! Li butti fuori!"

"Come vuole lei, commendatore," si arrese il funzionario.

Si precipitarono a Regina Coeli e parlarono di nuovo con il direttore Carretta. Venne ordinato all'Ufficio matricola di metterli subito "tutti alla porta". I sette furono prelevati dalle loro celle, poi passarono a ritirare gli effetti personali all'Ufficio matricola. Uno di loro si accorse che dalla busta mancavano i gemelli d'oro. Iniziò a protestare: "Mi hanno rubato i gemelli, rivoglio i miei gemelli". Sorse un gran trambusto. Accorsero le guardie. Pertini sferrò allora al compagno un calcio negli stinchi: "Idiota, stiamo scappando! Non ci stanno rilasciando! Lascia perdere i tuoi gemelli!". Il compagno sbiancò e disse: "Li ritiro un'altra volta".

Uscirono un minuto prima che scattasse il coprifuoco. Marcella li aspettava sulla scaletta davanti al portone, acchiappò Pertini e Saragat. "Venite con me!" disse mentre gli altri si dileguavano. Quella sera cenarono nell'alloggio della famiglia Monaco, dove trascorsero la prima notte di libertà. I nazisti seppero della fuga da Radio Londra. Schiumarono di rabbia per la beffa. Nessuno dei sette prigionieri liberati venne più catturato.

Alfredo Monaco e Marcella Ficca salvarono altre vite, tra cui quella del partigiano comunista Antonello Trombadori, che la mattina della retata per le Fosse Ardeatine si trovava in galera. Monaco lo fece uscire dalla cella, lo condusse in infermeria, gli posò in testa la borsa del ghiaccio, scrisse sulla cartella clinica "gravissimo e intrasportabile", giusto in tempo prima che passasse il sergente delle SS. Il nazista ispezionò ogni singolo letto, diede un'occhiata alla cartella di Trombadori. "Questo non si regge in piedi," gli assicurò Monaco. Il militare passò oltre. Solo quel giorno, il 24 marzo 1944, ne salvò quattordici così.

Alfredo Monaco, pneumologo e tisiologo di fama internazionale, diverrà negli anni sessanta primario all'ospedale Forlanini.

Sandro Pertini e Giuseppe Saragat saranno eletti presidenti della Repubblica.

33.

"La signora che ci aveva affittato la stanza bussò alla mia porta," dice Iole.

"'Sua sorella Vittoria la cerca al telefono,' annunciò.

"La seguii nella sua abitazione.

"'Iole, raggiungi i tuoi suoceri, c'è una bella notizia,' disse Vittoria con voce trionfante.

"'Che succede?' domandai.

"'Corri!' mi esortò.

"Mi cambiai in gran fretta, passai un po' di rossetto sulle labbra, m'incipriai, cose che non facevo da settimane. Corsi giù con il cuore in tumulto. Inforcai la bicicletta e raggiunsi la casa dei miei suoceri. Suonai. Mi aprì mia cognata.

"'Ciao!' disse con un sorriso. 'C'è una sorpresa per te!'

"Ernesto era sdraiato nella vasca da bagno con lo sguardo rivolto al soffitto: 'Ernesto mio!' gridai e gli gettai le braccia al collo. Uscì dalla vasca. Lo asciugai come un bimbo. Profumava di buono. Si era sbarbato. Ci abbracciammo.

"'Non stringere troppo, perché mi fa ancora male,' sussurrò.

"'Ti hanno liberato! E come hai fatto?'

"Lo tempestai di domande.

"Ci accomodammo nel salotto. Gli presi la mano. Mio suocero alluse a uno stratagemma per farlo uscire da Regina

Coeli. Seppi da parole dette a mezza bocca che era riuscito a farsi un falso certificato di scarcerazione. Si era presentato così in carcere e dopo un po' Ernesto era uscito. Così mi fu detto. Credo che le cose fossero state più complicate di come mi fecero credere. Probabilmente la tecnica fu molto simile a quella che consentì la fuga di Pertini e Saragat. Decisive furono le relazioni del padre di Ernesto con il mondo socialista. Continuavo a baciarlo. Mio suocero interruppe quella cerimonia: 'Ernesto non può stare qui. Va trovato un nascondiglio'. Chiamò mio padre che, senza esitazione alcuna, disse: 'Fatelo venire da me, ci penso io'.

"Uscimmo. Era la mattina del 25 maggio 1944. Roma splendeva di luce. Di lì a poco sarebbe arrivata la bella stagione, la quarta estate di guerra. Ci lasciammo alle spalle la casa di via Arno, attraversammo piazza Fiume, imboccammo via Boncompagni, poi la discesa di via del Tritone, svoltammo a destra per la scalinata di Trinità dei Monti, fino a giungere a piazza Mignanelli. Nessuno badò a noi, per fortuna, ché nel quartiere ci conoscevano in tanti. A casa nostra si accedeva da due ingressi, uno, che noi non usavamo mai, dava su piazza di Spagna al civico 35 e fu da lì che, seguendo le indicazioni di papà, entrammo. Quindi, passando dal cortile, salimmo furtivi le scale fino a raggiungere il nostro appartamento, all'ultimo piano. Trovammo ad attenderci mio padre. 'Vieni con me!' disse a Ernesto, dopo averlo abbracciato. Lo condusse in un soppalco, salendo da una stretta scaletta. Era uno spazio segreto, proprio sopra il garage occupato dai tedeschi. Mi affacciai timidamente dalla finestra e li vidi, laggiù, in piazza Mignanelli, che trafficavano, entrando e uscendo dal garage. A nessuno sarebbe venuto in mente di cercarlo proprio lì.

"'Qui starai al sicuro,' disse papà. 'Non fare rumore. Ti porterò io da mangiare.'

"Ernesto si guardò intorno spaesato. Era piombato in un

altro carcere, più confortevole certo, anche se nella stanza c'erano soltanto una branda e un tavolino. Tirò fuori dallo zaino un libro, che si era portato da casa.

"'Per usare il bagno dovrai scendere da noi, lo farai di notte,' lo istruì mio padre.

"Abbracciai Ernesto. Mio padre chiuse la porta a chiave. Una profonda malinconia mi invase. Era tornato, e mi pareva un miracolo, ma allo stesso tempo la mia felicità era come strozzata, perché la guerra non era finita, e per chissà quanto tempo sarei stata costretta a rimanere divisa da lui. Con papà ci abbracciammo teneramente. Era stato generoso. Non aveva avuto esitazioni nell'offrire quel rifugio a Ernesto. Era un'azione che metteva a repentaglio la vita dell'intera famiglia. Se lo avessero scoperto, sarebbe stato fucilato e tutti noi avremmo rischiato grosso. Eppure non ebbe dubbi di sorta. Fecero così tanti padri e tante madri. Marisa Musu un giorno mi raccontò di una famiglia di conoscenti, a Prati. La madre aveva nascosto il figlio a casa sua, dopo che questi non aveva aderito al nuovo esercito di Mussolini. Arrivarono i nazisti, lei non volle aprire, prese tempo, il figlio scappò sul terrazzo e da lì si gettò sul balcone di un palazzo contiguo. I tedeschi mitragliarono la porta e lei morì dissanguata dietro quella porta, mentre il ragazzo si era messo al sicuro.

"Ernesto mi era parso sollevato. Anche se coglievo in lui uno struggimento, una stanchezza che faticavo a decifrare in quel momento. Che cosa gli era successo?"

34.

"Devi conoscere la figura di Guglielmo Blasi," mi esorta Iole. "Un piccolo artigiano che abitava in un vicolo della Suburra, con una famiglia numerosa e poverissima, e aveva l'abitudine di risolvere i suoi problemi personali mediante il furto e la truffa," così lo descrive Sasà Bentivegna. "I Gap erano stati scelti con criteri altamente selettivi. Ognuno di noi era stato accuratamente vagliato sia sul piano personale sia sul piano familiare e sociale. Questa selezione era stata esercitata nei confronti di tutti i componenti. Per questo non riuscimmo mai a capire attraverso quali maglie fosse riuscito a passare per infiltrarsi tra noi."

Guglielmo Blasi aveva il certificato penale costellato di reati. Eppure fu ammesso tra i Gap, uno dei pochi sottoproletari in un gruppo diretto in buona parte da studenti universitari e intellettuali. Il 23 aprile 1944 tentò un furto in un negozio di tessuti. Il suo complice, armato e con in tasca il bottino di circa settemila lire, riuscì ad aprirsi una via di fuga spianando la pistola contro il portiere che nel frattempo era accorso, ma Blasi venne fermato. Il portiere e alcuni inquilini lo condussero al commissariato Appio. Oltre al caricatore, gli agenti gli trovarono in tasca un grimaldello e un falso lasciapassare tedesco. Chiese di poter parlare con il questore Caruso, e si offrì come civetta per favorire la cattura dei compagni. Lo misero alla prova. Mentre andava agli appuntamenti veniva seguito. Caddero così nella rete nazista Franco Calamandrei, Carlo Salinari, Franco Ferri, Luigi Pintor, Silvio Serra e Raoul Falcioni. Per ogni gappista arrestato intascava una taglia di cinquemila lire. Franco Calamandrei si disperò: "Abbiamo peccato nella scelta degli uomini," scrive nel suo diario.

In seguito Blasi decise di tradire anche Marisa Musu, Pasquale Balsamo ed Ernesto Borghesi. Ernesto era rinchiuso in carcere da un mese e mezzo quando Blasi si presentò a casa Musu, in via Orazio, e chiese di parlare con i genitori di Marisa. Propose di non denunciarla, ma in cambio chiedeva del denaro. Il signor Musu afferrò il tagliacarte appoggiato sulla scrivania in noce, si alzò di scatto e gli urlò: "Esca subito da casa mia o la sgozzo!". Blasi andò difilato in questura e fece i nomi dei tre compagni.

"I nazisti seppero così che Ernesto era un partigiano," mi dice Iole. "Corsero a Regina Coeli. Chiesero di Ernesto Borghesi. Era stato appena scarcerato. 'Com'è possibile?' urlarono. Si precipitarono in via Arno 38. Ma anche qui Ernesto non c'era già più. Alle dieci di sera sentii bussare alla porta della mia camera."

35.

Toc. Toc.

"'Chi è?' chiesi spaventata.

"'Ci sono qui dei signori che la cercano,' disse la donna che ci affittava l'appartamento.

"La sua voce tradiva un'ansia che mi trafisse come una pugnalata. Erano in quattro. Un ufficiale. Due soldati armati. Un interprete, mellifluo, untuoso. Fu lui a parlarmi, mentre fissavo ipnotizzata i due militari con il mitra. Mi strinsi istintivamente nella vestaglia.

"'Dov'è suo marito?' domandò l'interprete sull'uscio.

"'In carcere,' risposi.

"'Dov'è Ernesto Borghesi?' ripeté con tono più duro.

"'Gliel'ho detto: è detenuto a Regina Coeli.'

"'Non c'è,' disse l'interprete.

"L'ufficiale bofonchiò un ordine perentorio: '*Wir muessen rein!*'.

"'Dobbiamo entrare,' tradusse l'interprete.

"'Eh, no, prima mi devo vestire,' mi ribellai.

"L'interprete lo spiegò all'ufficiale, che annuì. 'Si sbrighi, però,' sentenziò.

"Richiusi la porta. Un nodo di pianto mi stringeva la gola. 'Sii forte!' mi facevo coraggio, mentre mi toglievo la camicia da notte. 'Ricordati di non tradirlo.' Mi ricordai del patto siglato con Ernesto, quella notte a letto, dopo aver fatto l'amore. 'Tacere. Tacere sempre. Meglio morire noi, che tradire i compagni,' mi aveva sussurrato. Ma era una di quelle cose che sarebbero accadute agli altri, non a noi, mi ero consolata prima di addormentarmi. Riaprii. Entrarono. Ora erano nella nostra stanza. I due soldati frugarono nell'armadio. Sotto il letto. C'era poco da cercare. Ernesto non era lì.

"'Deve venire con noi,' disse l'interprete.

"'Posso avvertire le mie nonne? Sono qui accanto,' li pregai.

"Bussai alla porta della loro stanza. Avevano sentito i rumori ed erano sveglie. Mi guardarono sbigottite, con gli scialli sulle spalle.

"'Che succede, Iole?' chiese nonna Elvira.

"'Devo andare con loro.'

"'Oh Gesù!' esclamò nonna Emilia, vedendo i due soldati con il mitra sulle spalle.

"'Avvertite mamma e papà domani mattina,' dissi.

"'Dove ti portano?' chiese nonna Elvira.

"'Non lo so,' risposi.

"Guardai le nonne. Avevano sguardi increduli. Com'era diventato cattivo il mondo.

"'*Los! Weg!* Andare via!' gridò l'ufficiale e mi spinse verso le scale.

"'È una brava ragazza, non fatele del male!' urlò nonna Elvira.

"Scendemmo per strada. Era deserta. La luna brillava su Trinità dei Monti. Mi fecero salire su un'auto, parcheggiata in piazza, davanti all'ambasciata spagnola. Fuori dall'abitacolo il soldato mi sorvegliava con il mitra spianato, mentre gli altri presero a suonare i campanelli delle case accanto. Nessuno apriva. I tedeschi si spazientirono. Mi strinsi ancora di più nella mia giacca. Il portone dal quale in mattinata eravamo entrati con Ernesto era proprio di fronte a me, potevo vederlo. Il campanello della famiglia Mancini stava però nell'ingresso dell'altro lato, quello in piazza Mignanelli, la casa sopra al garage occupato dai tedeschi. Nel frattempo qualcuno, negli appartamenti di piazza di Spagna, aveva aperto. I tedeschi salirono le scale e poi scomparvero all'interno. Il soldato con il mitra era sempre più inquieto.

"Non so per quanto tempo rimasi ferma nell'auto. Il modo di fare dei tedeschi era incomprensibile: quel suonare alle case del vicinato, a casaccio, freneticamente, per cercarlo. Cominciai a pregare: 'Signore, fa' in modo che non suonino a casa di mamma e papà'. Che cosa stava facendo in quel momento Ernesto? Dormiva? O stava leggendo, come faceva ogni sera, prima di addormentarsi? Stringevo le mani e recitavo il rosario. 'Finirò in manicomio,' pensai.

"A un certo punto i tre ricomparvero. "*Scheisse!*" disse l'ufficiale salendo in macchina. 'Merda!' Il soldato si mise al volante. L'auto sgommò nella notte."

36.

"L'auto attraversò la città silenziosa. Roma era popolata di fantasmi. Prima della guerra a quell'ora le stesse strade erano percorse da coppie che uscivano dai teatri e dai cinema e si attardavano a chiacchierare. Non c'era anima viva mentre la macchina sfrecciava lungo via del Corso. I nazisti tacevano. Potevo sentire i loro respiri pesanti. Che ne sarebbe stato di me? E di Ernesto? Avevano quindi scoperto che non era un rapinatore ma un partigiano sul quale, come su tutti gli altri partecipanti all'attentato di via Rasella, pendeva una taglia fortissima? Imboccammo via Tasso. L'auto si fermò al civico 145. Mi fecero scendere. Non ebbi nemmeno il tempo di guardarmi attorno. Fui spinta dentro.

"Mi accompagnarono in una stanza al primo piano, 'l'ufficio', lo chiamarono. Presero le mie generalità: nome, cognome, data di nascita, residenza. Dovetti consegnare l'orologio, la catenina che avevo al collo, il portafogli, i documenti. L'ufficiale squadrò il farmaco. 'Cos'è questo?' 'Veramon, non lo legge?' gli risposi. 'È per il mal di testa.' Me lo requisì. 'Crede che io voglia avvelenarmi?' gli domandai. Senza le pillole mi sentivo perduta. Ridiscendemmo le scale, entrando in una stanza buia, a pianterreno. C'erano una scrivania e tre sedie, due dietro il tavolo, una davanti. 'Rimanga in piedi,' mi ordinò l'interprete.

“Un ufficiale non mi toglieva gli occhi di dosso. ‘Mi userà violenza?’ pensai. Nessuno avrebbe potuto salvarmi lì, in quella cantina. L’uomo continuava a fissarmi. Per tutta la vita avrei ricordato il suo sguardo gelido. Molti anni dopo, in un’altra vita, una sera a metà degli anni novanta, davanti alla tv l’avrei rivisto mentre scendeva dalla scaletta di un aereo giunto dall’Argentina, dove si era nascosto dopo la guerra. Ricordo che mi si mozzò il respiro. Era *lui*. Erich Priebke. Uno dei nazisti più feroci a Roma.

“‘Dov’è Ernesto Borghesi?’ mi domandò Priebke, puntandomi una luce negli occhi.

“‘È a Regina Coeli,’ risposi.

“‘Dov’è Ernesto?’ ripeté.

“‘Gliel’ho detto: è in carcere.’

“‘Dov’è Ernesto?’ insistette Priebke, alzando la voce.

“‘Gli ho portato il pacco della biancheria l’altro giorno, ed è stato accettato,’ risposi. Aver portato quel pacco era il mio alibi, la prova che io non potevo sapere che era evaso.

“‘Dov’è Ernesto?’ ripeté Priebke, indifferente a quella risposta.

“Me lo continuava a chiedere. Come un automa. Era la sua tecnica di sfinimento.

“Avevo la luce della lampada negli occhi. L’aria era impregnata di fumo. Iniziai a tossire, quasi non respiravo. Il martellare dei tasti della macchina da scrivere mi penetrava nel cervello. Strinsi i pugni. ‘Iole, resisti,’ mi dicevo. Andò avanti così per due ore. A un certo punto, sfinita dalla tensione, ebbi la sensazione di svenire. Mi scappava la pipì. Avevo crampi allo stomaco. Sudavo. Priebke ogni tanto mi dava uno spintone. Era metodico, duro, ottuso nel suo interrogare. Dalle stanze attigue arrivavano i lamenti degli altri prigionieri. Potevo sentirli distintamente. Erano urla disumane. Priebke s’interrompeva con studiata teatralità per farmele sentire bene.

"A un certo punto si fermò. Si era stancato di quel gioco sadico. Mi fecero uscire. Mentre tornavamo ai piani superiori, con la coda dell'occhio vidi una striscia di sangue filtrare da una stanza. Le urla che avevo sentito prima provenivano da lì. Al secondo piano incontrai un prigioniero sorretto da due soldati. Lo sguardo sperso, il volto una maschera di sangue, emetteva flebili lamenti. Invocava la mamma.

"Arrivammo al quinto piano. Mi avevano consegnato una ciotola, un cucchiaio di legno e una coperta tutta tarmata. Entrai in una stanza senza finestre. Era notte fonda ormai. Le detenute alzarono gli occhi verso di me, qualcuna si lamentò 'siamo già quattordici,' disse. Una zaffata violenta di tanfo nauseante mi penetrò nelle narici. Vidi che la finestra era murata. L'aria filtrava da una piccola grata sulla porta. Il soldato richiuse la porta alle mie spalle. Mi accorsi in quel momento di non aver ancora urinato. Urlai: 'Può riaprire? Devo andare al gabinetto'. Una donna accanto a me disse: 'Non ti apre più'."

37.

"Scoprii che si poteva andare al gabinetto solo due volte al giorno, la mattina e la sera. Giusto lo stretto tempo necessario, con la porta aperta. Poi ci facevano tornare in cella e precipitavamo di nuovo nell'oscurità. Se fuori orario sorgeva la necessità di un bisogno corporale, ci contenevamo per quanto possibile oppure ci liberavamo in una ciotola – la stessa in cui servivano la minestra – che veniva lavata quando si tornava alla latrina. Una volta al giorno ci davano una brodaglia schifosa dentro la quale galleggiavano bucce di patate, torsoli di verza, broccoli, cavolo. Era immangiabile. Chi la assaggiava la prima volta era colto da un conato di vomito. Il pane era così duro che ci spezzava i denti, ma mi aggrappai a quella fettina quotidiana pur di sopravvivere. Dall'esterno i parenti erano autorizzati a farci avere vettovaglie, ma c'era l'indigenza più nera, e i miei solo due volte riuscirono a procurarmi delle uova sode, che gli addetti all'Ufficio matricola sgusciarono prima di consegnarmele per timore che potessimo ferirci.

"Cosa stava facendo Ernesto? Si era messo in salvo? I pensieri si ingigantivano nell'oscurità. Il giorno successivo al mio ingresso in via Tasso, mentre andavo al gabinetto, la guardia mi disse che avevano arrestato anche i miei genitori. Sentii mancarmi il pavimento sotto i piedi. Mio padre e mia madre lì? Non potevo credere che i nazisti fossero arrivati a tanto, per rappresaglia. E quindi avevano scoperto anche Ernesto! Me lo vidi già davanti al plotone di esecuzione. Supplicai il soldato di farmi salutare mia madre. Mi disse che era nella cella accanto alla mia. Aprì la porta. Provai a riconoscerla nel buio, non vedevo niente, chiamai: 'Mamma!'. 'Iole,' rispose una voce conosciuta. Era quella di mia suocera. 'Anche tu qui?' 'Basta!' ordinò il soldato e chiuse la porta. Ero sollevata. Una singolare soddisfazione m'invase. C'era la speranza che non avessero scoperto il nascondiglio di Ernesto. I miei suoceri erano culturalmente più attrezzati dei miei genitori a resistere agli interrogatori. Non avrebbero parlato. Non sapevano dove fosse nascosto esattamente Ernesto, ignoravano che fosse stato sistemato nella mansardina sopra il garage. I miei suoceri erano forti di carattere, e io ero fiduciosa che non si sarebbero traditi.

"Le giornate erano scandite da poveri riti: il bagno, il pranzo, l'ingresso di una nuova compagna di cella. Addossate alle pareti, si stava in silenzio. Io non davo confidenza, anche perché temevo che tra noi si annidassero spie."

38.

"Per tutto il tempo che sono rimasta in via Tasso ho indossato gli stessi vestiti. Solo una volta, dopo molti giorni, i miei riuscirono a portarmi un cambio. Lo lasciarono in portineria, i soldati ispezionarono il sacchetto e quindi me lo fecero avere. Mi ero abituata al tanfo della stanza, meno all'ozio forzato: il tempo non passava mai. Il piantone ogni tanto ci controllava attraverso lo spioncino. Da lì non si usciva vivi, questa era la fama del posto. L'angoscia si acuiva ogni qual volta udivo un calpestio di scarponi nel corridoio. Per la pena mi spuntò un ciuffo di capelli bianchi.

"Un giorno i soldati ebbero la faccia tosta di chiederci se potevamo occuparci delle loro divise: ricucire gli strappi, attaccare i bottoni e altre piccole incombenze di sartoria. Ci rifiutammo, tutte. Una sola accettò. Era, non a caso, una di quelle che sospettavamo fosse una spia. Ci fu un periodo in cui condivisi la cella con Ero Elsa Ciancarelli, la moglie di Edmondo Di Pillo. Il marito, direttore commerciale della Bombrini Parodi Delfino, fino all'8 settembre non si era mai occupato di politica. Dopo l'arrivo dei nazisti sentì l'esigenza di impegnarsi nella Resistenza. Riuscì a evitare la distruzione degli impianti idroelettrici ad Anzio, contribuendo a far sbarcare sul litorale alcuni agenti segreti alleati. Le SS lo scoprirono e a maggio lo arrestarono insieme alla moglie.

Entrambi furono condotti in via Tasso. Di Pillo venne sottoposto a durissimi interrogatori: quando lo riportarono in cella era irriconoscibile. Disse ai compagni: 'Non ho parlato, ragazzi. Coraggio, tocca a voi ora'.

"Alle spalle della nostra cella si trovava una scuola gestita dalle suore. I bambini entravano da via Labicana. Si udivano le loro voci durante la ricreazione. Giocavano. Ci sforzavamo di ascoltare quello sprazzo di vita. Di notte calava un gran silenzio. Non c'era verso di dormire.

"Sono stata interrogata altre due volte. Sempre con le stesse modalità.

"'Dov'è Ernesto Borghesi?'

"Priebke mi puntava la luce negli occhi. Alternava durezze a lusinghe.

"Una volta, di fronte a quella tortura, sbottai: 'Ma perché mi fa sempre la stessa domanda? Non ho altra risposta se non quella che le ripeto dall'inizio. Ernesto Borghesi è in carcere'.

"'Ci dica dove si è nascosto!' urlò allora Priebke.

"'Voi lo sapete dove sta!' gridai più forte che potei.

"Scoppiai a piangere. Priebke mi guardò meravigliato. L'interprete non disse niente. Mi fecero andare."

39.

Alle prime ore del 26 maggio 1944 Ernesto Borghesi sgattaiolò fuori dal suo nascondiglio. Era troppo pericoloso rimanere lì. Con Tullio Mancini si abbracciarono, "abbi cura di te," gli disse. Non aveva una meta. Non aveva mezzi. Solo le gambe per camminare. Doveva fare in modo che non lo fermassero per un controllo. Evitare che qualcuno lo riconoscesse. Era come nuotare in un mare infestato da pescecani. Raggiunse la casa di Memmo, a Prati. Bussò, lo fecero entrare, chiese asilo, gli spiegarono che non avevano spazio, che già nascondevano un figlio maschio. Tornò in strada. Bisognava allontanarsi dal centro, andare in periferia. Ma dove?

"Chissà cosa sta facendo Iole, chissà se regge alle torture," si chiedeva Ernesto mentre avanzava nel sole di primavera.

"E io mi tormentavo," dice adesso Iole. "Pensavo alla mia nipotina. A mia madre. A mio padre. Alle mie nonne."

Ernesto non si fidò a prendere il tram. Decise di puntare verso la Casilina, a Centocelle c'era lo zio di un suo compagno di studi che gestiva una clinica: il dottor Mendicini. Forse avrebbe potuto offrirgli un rifugio.

Il sole quasi estivo ormai era alto, Ernesto aveva una gran sete. Le cannonate si facevano sempre più forti, incessanti e vicine. Lui procedeva spedito.

"Stanotte un fortissimo scoppio e un rumore basso di

aeroplano mi hanno svegliato di soprassalto con il batticuore. Da tre giorni manca l'acqua," annota nel suo diario la sovrintendente della Galleria nazionale Palma Bucarelli prima di recarsi a palazzo Corsini per una conferenza dello storico dell'arte Emilio Lavagnino su Pietro Cavallini. "Pare che gli Alleati siano vicini a Velletri, pare che abbiano distrutto o quasi la divisione Göring, inviata a Roma di rinforzo," scrive.

Dopo aver camminato per ore, Ernesto giunse alla clinica del professor Mendicini, a Centocelle. Bussò. Il professore lo squadrò. Gli porse un camice. Gli indicò un letto libero. Ernesto si guardò attorno. Uomini che urlavano. Odore di piscio. Pianti. "Meglio qui che in via Tasso," pensò.

40.

“Nei primi giorni di giugno cominciammo a sentire puzza di bruciato,” ricorda Iole.

“Il lezzo acre ci destò dalla desolata angoscia in cui eravamo precipitate. Quella mattina, quando mi fecero andare al gabinetto, mi resi conto che probabilmente l’intero palazzo era invaso dal fumo. Le SS stavano incenerendo il loro archivio. Distruggevano le schede dei prigionieri. Volevano eliminare ogni prova delle loro nefandezze. L’aria si fece irrespirabile. Tossivamo. Quel fumo testimoniava la minaccia che incombeva sui nazisti, era la spia della loro paura. Per quanto tempo dovevamo ancora aspettare l’arrivo degli Alleati? Da qualche giorno aveva cominciato a fare caldo. L’estate si annunciava con folate di calore. Fuori la natura esplodeva e noi soffocavamo nella nostra cella. Da lontano giungeva cupo il rimbombo delle cannonate. Là fuori si combatteva. Gli americani non dovevano essere troppo lontani.

“Ero alle prese con pensieri angosciosi quando, la sera del 3 giugno 1944, aprirono con gran fracasso la porta della nostra cella. ‘*Raus!*’ ordinò un ufficiale. Ci fecero alzare e ci radunarono sul pianerottolo. Mi guardai intorno. Eravamo dei rottami, sporche, sudate, spettinate, ridotte pelle e ossa. E avevamo una fame arretrata mostruosa. Pesavo quanto una lucertola e il ciuffo bianco spiccava nella mia capigliatura. Perché ci facevano uscire? Non certo per liberarci. 'Ci fucilano!' sussurrarono alcune. I soldati tedeschi esibivano il mitra e le bombe a mano nelle cinture. Li guardai. Ragazzi giovani, della mia età. Sembravano impauriti. Ci illuminarono a una a una con una torcia elettrica. Notai in un angolo un ufficiale dell'esercito, Arrigo Paladini, che in seguito avrebbe scritto un libro su via Tasso. Rannicchiato a terra, la schiena addossata al muro, l'occhio gonfio, non riusciva a muovere le mascelle. Ci allinearono con le spalle al muro. Si seppe, poi, che avevano già prelevato i detenuti destinati alla deportazione in Germania. Quindi comparve un gruppo di uomini, fra cui l'ingegner Di Pillo e il sindacalista Bruno Buozzi. Gemevano. Al generale Filippo Caruso avevano strappato quattordici denti solo poche ore prima. Paladini racconta che era stato distribuito del pane nero lasciato lì dalle SS in fuga: lo avevano divorato con tale avidità che alcuni si sentirono male. Un soldato era già ubriaco. La prigione si stava svuotando. Eravamo rimasti solo noi, inutili ai tedeschi. 'Le nostre speranze finiscono qui,' pensai quando ci spinsero giù per le scale, facendoci fretta.

"Dagli altri piani sopraggiungevano gli uomini, e ci mescolammo sui gradini. Molti dei prigionieri non si reggevano in piedi per le sevizie subite. Avevano urlato per settimane, gridato di fronte all'indicibile.

"In strada ci attendevano due camion. Riempirono il primo, all'inverosimile. Io venni fatta salire sul secondo. L'ingegner Di Pillo salì sul primo camion. La moglie Ero rimase in attesa di disposizioni.

"Il camion davanti al nostro partì. Alcuni di noi cedettero ai singhiozzi. 'È finita,' pensai anch'io. Era il mezzo che portò i prigionieri a La Storta, sulla Cassia, dove furono trucidati a raffiche di mitra. Morirono così l'ingegner Edmondo Di Pillo, il tenente Eugenio Arrighi, l'ingegnere polacco Frejdrik Borian, membro del comando militare delle Brigate Matteotti, il maggiore delle armi navali Alfeo Brandimarte, il dirigente sindacale Bruno Buozzi, il professor Luigi Castellani, il ragionier Vincenzo Conversi, il meccanico Libero De Angelis, il generale Piero Dodi, l'avvocato Lino Eramo, il tipografo Alberto Pennacchi, il capitano Enrico Sorrentino, l'insegnante Saverio Tunetti, un inglese e uno di nazionalità sconosciuta.

"Ora toccava a noi. L'autista provò a mettere in moto ma non ci riusciva, il motore era come strozzato. Riprovò. Lo sentivo imprecare. L'ufficiale lo guardò interrogativo, quello allargò le braccia. "Dovete scendere!" ci disse dopo un po'. "*Los, marsch!*" Scendemmo. Ci riportarono nelle celle. Le cannonate ora si udivano fortissime. La cella tremava. Albeggiò. Nell'edificio si era fatto un gran silenzio. I tedeschi erano scappati. D'un tratto si levarono delle voci, sempre più fitte, sempre più concitate. Era come in sogno. Nel palazzo era entrata la gente del quartiere. Spalancarono le porte con fare allegramente scomposto. 'Siete liberi!' urlavano. 'È finita! È finita!' L'onda mi travolse. Scoppiai a piangere, la testa mi girava, ebbi la sensazione di svenire. Uscii in strada, nella luce del giorno Roma mi parve meravigliosa. Mi incamminai. Il portiere di un palazzo mi fece entrare per telefonare a casa. Rispose mamma. Non riuscimmo a dirci niente. 'Ti aspettiamo,' disse soltanto."

"E quindi," la interrompo, incredulo, "tu ti sei salvata perché quel camion non ha voluto saperne di mettersi in moto?"

"Sì, Dio ha voluto così," risponde Iole.

41.

“Mi aspettavano in piazza Mignanelli. I miei genitori, mia sorella Vittoria, i miei nipoti, le nonne, i vicini, la gente del quartiere che mi aveva visto crescere si erano tutti radunati nell’attesa del mio arrivo. Camminavo più veloce che potevo, con il cuore in tumulto. Non avevo chiuso occhio per tutta la notte, dopo che i tedeschi con un ultimo gesto vigliacco ci avevano riportate in cella. Tremavo di gioia e di debolezza. Era il 4 giugno 1944, una bella domenica di sole che annunciava l’estate. I nazisti e i fascisti erano scappati, la guerra a Roma era finita, e io ero viva. Avevo ventiquattro anni, ma era come se avessi già vissuto mille vite, dentro un romanzo epico pieno di colpi di scena. Imboccai via Tomacelli, e pensai: ‘Ecco, ora ci sei quasi. Su, un ultimo sforzo’. Iniziai a correre, lungo via Frattina, che mi parve interminabile, accelerai il passo, correvo sempre più veloce, e poi alla fine della strada svoltai a sinistra, e lì, accanto all’obelisco sallustiano in piazza Trinità dei Monti, li vidi. Stavano a crocchio. ‘Ioleee!’ urlò mia madre. Mi venne incontro correndo e mi soffocò in un abbraccio: ‘Figlia mia!’ diceva. ‘È tornata Iole,’ sentivo dire attorno a me. Erano voci festanti.

“Quando mi divincolai chiesi di Ernesto. ‘Non è più qui da tempo,’ disse mio padre. ‘Non sappiamo dove sia.’ ‘Non avete notizie?’ domandai. ‘Noi no.’ M’incupii. ‘Ti aspetta un bel bagno caldo,' mi disse mamma per distogliermi dai cattivi pensieri. Non so per quanto tempo rimasi nella vasca a contemplare il soffitto. Ero sfinita. Poi mi cambiai e telefonai a mia suocera. 'Speriamo bene,' pensavo mentre componevo il numero. Anche lei e il marito erano da poco rientrati a casa dalla prigione di via Tasso. 'L'ho appena saputo,' disse mia suocera, 'Ernesto è vivo. Sta bene. Era nascosto in una clinica.' Mi buttai sul divano esausta.

"Ernesto telefonò, rispose papà dal garage, annunciò che era in arrivo. Mi profumai. Mi truccai. Mi agghindai con un vestitino leggero. E lo aspettai in piazza. Non ci abbracciavamo da due mesi. Saltellavo dall'impazienza. 'Ciao Iole,' disse. Non lo avevo visto arrivare. Ci stringemmo forte. Se penso a quel momento, fatico a trovare le parole. No, le parole giuste non ci saranno mai."

Nel frattempo una pattuglia del primo raggruppamento servizi speciali statunitense-canadese dell'88ma divisione, battezzati i Diavoli neri, al comando di un maggiore di ventiquattro anni, Edward Thomas, era entrata a Roma dalla via Casilina, facendo da battistrada alla Quinta armata del generale Mark Clark. La gente di Roma li accolse come trionfatori. Il fotoreporter John Phillips, al seguito delle truppe americane, a un certo punto vide spuntare una coppia di sposi, che veniva incontro ai soldati. "Occhio, è pieno di mine, state attenti," li avvertirono i militari: ma la coppia continuò ad avanzare sorridendo, con appresso i parenti: "Festeggiamo la liberazione di Roma sposandoci". Questo era il clima. A Regina Coeli i secondini, dopo la fuga dell'ultimo tedesco, aprirono tutte le celle. La folla inferocita distrusse l'Extrabar in via del Tritone, un locale frequentato dai nazisti.

"Quando a settembre mi dissero che i tedeschi eran sicuri di passare Natale a Roma, mi misi a ridere. Con la guerra si sa come si comincia ma mai come si va avanti e come e quando finisce," aveva scritto Palma Bucarelli il primo giugno sul diario. E poi, il 5 giugno: "Sono arrivati! Rumori, stanotte, colpi, cannoni, voci, ma io ho dormito a intervalli, e credevo fosse qualche disordine e la battaglia che si avvicinava. Invece poi ho saputo che già fin dalla mattina di ieri si sono visti i primi Alleati. C'è stato solo qualche piccolo scontro con i tedeschi, gli ultimi dei quali hanno lasciato Roma ieri sera. Peccato che io dormivo. Paolo (Monelli) e Toio (Gorresio) che erano andati a dormire al Boston, Toio per timore di essere tagliato fuori se facevano saltare i ponti, sono corsi in strada alle prime voci, nella notte. Nessuno ha più osservato il coprifuoco. La folla è corsa incontro ai primi nuclei e ai primi carri".

"All'indomani," ricorda Iole, "con Ernesto andammo a trovare Ero Di Pillo, nella sua casa ai Parioli. Avevamo saputo che il marito era stato fucilato alla Storta. Lei si era salvata, e adesso avevo davanti a me una bella donna invecchiata di colpo di vent'anni. Fu una visita straziante. 'Mi è rimasto mio figlio,' piangeva. In quel giorno di liberazione in tanti non poterono gioire, alle prese con lutti e dolori. Con Ernesto uscimmo da lì turbati. Tornammo a casa senza dire una parola."

42.

Digito su Google "Ernesto Borghesi e Mendicini". Nessun risultato. Riprovo. Niente di niente. Possibile? Richiamo Iole.

"Sei sicura che quel medico si chiamasse proprio così: Mendicini?"

"Certo," risponde senza esitazione. "Un suo figlio, Ruggero, era un ginecologo con lo studio in via Cortina d'Ampezzo. Il professore lo aveva adottato a guerra finita. Con Ernesto erano stati compagni di studi."

"Avevi mai parlato ad altri di Mendicini?" le domando.

"Veramente no," risponde.

"Come mai?"

"Nessuno me l'aveva mai chiesto." E aggiunge, dopo un breve silenzio: "Mendicini ne salvò altri, non solo Ernesto".

"Perché l'hai tirato fuori solo ora?" insisto.

"Non so. Tutta l'Italia all'epoca cercava di dimenticare. La gente voleva mettersi alle spalle gli orrori della guerra. Anche io. I nove mesi dell'occupazione nazifascista ci avevano scorticato l'anima. Eravamo sopravvissuti e spesso era stato il caso a decidere. Erano pensieri così angosciosi che si preferiva scacciarli via. Ci occorreva silenzio. Poi gli anni trascorsero nella ricostruzione, fummo presi da un travolgente ottimismo, il mondo cambiava con noi, e alla gente non importava più niente di Hitler, di Mussolini, dei partigiani. I vivi volevano vivere. Con Ernesto frequentammo i Mendicini nell'immediato dopoguerra. Ernesto si era affezionato a questo professore, la cui moglie la domenica pomeriggio ci invitava per il tè nella loro abitazione ai Parioli, in via Cuboni 16: una grande villa bifamiliare che dividevano con il fratello di lui, Emilio. Quando rientravamo a casa in via Sistina, con Ernesto riandavamo con tenerezza al soggiorno salvifico nella clinica, in cui finalmente poté rilassarsi e dormire. Non so per quanti giorni di fila dormì. 'Ero sfinito,' ripeteva."

"Mendicini quindi lo fece passare per pazzo?"

"In un certo senso sì," dice Iole.

Scovo sull'elenco telefonico un Modesto Mendicini: è parente del luminare che ha salvato la vita a Ernesto? Chissà. Lo chiamo. Risponde una voce cortese. Gli riassumo brevemente le ragioni della mia telefonata. Ascolta senza interrompermi.

"Antonio Mendicini era mio zio," dice infine.

Subito dopo, come a frenare l'entusiasmo di chi ha trovato un tesoro, aggiunge: "Guardi che quel che mio zio fece con questo partigiano lo fecero in tanti a Roma. Non ci vedo niente di speciale, né di eroico".

"Be', quel gesto è stato decisivo per la vita di un uomo," obietto.

"Sì, certo, ma fu lo slancio di tanti, mi creda."

"A ogni modo è una storia."

"Veda lei," taglia corto.

Lo incontro il giorno dopo, a casa sua, ai Parioli. Mi accoglie un signore anziano che mi dà ben presto l'impressione di conoscere a fondo l'animo umano. Con l'inizio della pandemia ha concluso una sessantennale attività pediatrica svolta sia all'università La Sapienza sia come libero professionista, curando, tra gli altri, i figli e i nipoti di tante personalità cittadine.

Ci accomodiamo nello studio.

"Antonio Mendicini era il fratello di mio padre," precisa. "Dopo la laurea in Medicina si era specializzato in Psichiatria a Parigi, alla Salpêtrière, dove si era formato alla scuola di un celebre neurologo, Jean-Martin Charcot, ispiratore di Freud con i suoi studi sull'isteria. Non c'erano ancora farmaci, e l'unica cura per i pazienti con turbe psichiche era l'elettrochoc. Quando tornò a Roma aprì una clinica in via degli Olmi, a Centocelle, attigua ai resti dell'acquedotto romano. Era per sole donne, o almeno così ricordo io. Di lui parla in un suo libro anche Giorgio Amendola, di cui aveva curato la madre."

Quindi Ernesto era finito in una clinica per sole donne, annoto sul taccuino.

"Ma è probabile che durante la guerra fosse aperta anche agli uomini," aggiunge Mendicini. E prosegue: "Avevo poi un altro zio, Emilio, che mi ospitò a casa sua dall'autunno del 1943 all'estate del 1944, mentre nascondeva in cantina una coppia di ebrei e un pilota inglese in fuga dai tedeschi. Avevo sette anni e sapevo che in casa c'erano degli estranei da qualche parte. A volte affioravano come fantasmi a prendere un po' d'aria in giardino. Però non se ne parlava mai. Nessuno vi faceva il benché minimo accenno. La casa dello zio Emilio era una grande proprietà bifamiliare con giardino che lui condivideva proprio con il fratello Antonio, lo psichiatra. Questo zio era un funzionario al ministero della Marina e doveva la sua fortuna a un rinomato corso di Economia politica dedicato agli aspiranti diplomatici. Antifascista, ebbe tuttavia tra i suoi studenti anche Galeazzo Ciano, il genero del Duce e futuro ministro degli Esteri. Ricordo mio zio come un uomo raffinato, elegante. La moglie, la soprano Anna Pasetti, era amica di noti musicisti, tra cui Alfredo Casella e Pietro Mascagni, che riceveva nel suo salotto, cantando a volte per loro. Una domestica fidatissima, Maria, ci riforniva di vettovaglie acquistate a caro prezzo alla borsa nera.

"Mio padre, Achille, ufficiale in carriera, aveva fatto la Prima guerra mondiale in trincea. Raccontava con rabbia come gli austriaci, attestati più in alto, gettassero sui nostri gavette piene di urina. Altre volte, invece, italiani e austriaci fraternizzavano, scambiandosi vino e sigarette. Nella Seconda guerra mondiale l'armistizio dell'8 settembre lo colse al comando di un reggimento di fanteria di stanza a Palmanova, in provincia di Udine, e, come tanti, in mancanza di direttive dagli alti comandi, lasciò la sede scegliendo di non aderire alla Repubblica di Salò. Da Palmanova rientrammo a Roma, attraversando l'Italia su mezzi di fortuna. Mio padre era considerato un disertore passibile della pena di morte senza processo: non disponevamo, quindi, della tessera annonaria e soffrivamo letteralmente la fame. Mia madre, inoltre, era gravemente malata: per questo io e mio fratello fummo accolti dallo zio Emilio, ben lieto di aiutarci.

"Nel gennaio del 1944, su invito di un commilitone, mio padre aderì alla Resistenza monarchica guidata dal colonnello Montezemolo, splendida figura di patriota, che, catturato poco dopo, non tradì mai i suoi uomini e fu trucidato alle Fosse Ardeatine. La vita a Roma sotto l'occupazione tedesca era un inferno: c'erano posti di blocco tedeschi ovunque. Un giorno in via Piave ne scorgemmo uno dinanzi a noi, mio padre mi prese per mano, si buttò in una via laterale, via Flavia, e mi scongiurò di scappare. Ricordo che corsi a casa a perdifiato. A gennaio ci fu lo sbarco ad Anzio e ci dicemmo: 'Stanno arrivando'. Non andò così. Non arrivavano mai. Mia madre stava sempre peggio: soffriva di insufficienza renale che si aggravava a vista d'occhio. La curavano con salassi e applicazioni di sanguisughe, i mezzi dell'epoca contro l'ipertensione. Costretta a letto nella nostra casa in via Silvio Spaventa, a soli trentasette anni non era più in grado di occuparsi della famiglia. Quando andai a scuola per la prima volta e ci assegnarono come tema 'Parla della tua famiglia', io scrissi ingenuamente: 'Mio padre è un disertore e mia madre è malata'. I miei genitori, sconvolti per la mia innocente delazione, non mi mandarono più a scuola. Conservo un ricordo terribile di quell'inverno. Pregavo affinché mia madre si salvasse e intuivo i pericoli che correva mio padre. Sentivo gravare su di me una responsabilità enorme, essendo il primogenito. Aspettavo come tutti l'arrivo degli Alleati.

"Mio nonno si chiamava Modesto, come me. Delegato di polizia, era arrivato a Roma dalla Calabria. Con la moglie, Concetta, ebbe sei figli: Antonio, Emilio, Adelaide, Giulia, Matilde, Achille. Nessuno della mia famiglia aderì al fascismo, pur non essendo antifascisti militanti. Ricordo come la zia Adelaide conservasse una cartolina affrancata con un francobollo raffigurante l'immagine di Hitler e di Mussolini, che lei aveva sfigurato con la scritta: 'I due assassini'."

"Sapeva," chiedo, "che lo zio Antonio nascondeva rifugiati?"

"Lo vedevo con i miei occhi la domenica, quando ci invitava a pranzo. Tra gli ospiti notavo persone che non mi apparivano malati di mente."

"Vide anche Ernesto Borghesi?" gli domando.

"Chi può dirlo," risponde.

"Non era fuori dal comune quell'aiuto, con cui metteva a rischio la propria vita?"

"Perché lo trova strano?" risponde Mendicini. "Siamo italiani. Un popolo di un individualismo feroce, con difetti enormi. In fondo, manchiamo di etica e, orfani della Riforma protestante, siamo come gli stercorari, coleotteri che si nutrono di escrementi e che quindi non moriranno mai di fame. Ma allo stesso tempo abbiamo una riserva di indubbia umanità, una qualità che finisce per assolverci e tenerci a galla. Il sentimento popolare a Roma era, all'epoca, non certo favorevole al regime. L'adesione al fascismo era stata perlopiù di convenienza."

"Che tipo era Antonio?" domando.

"Un valido neuropsichiatra. Presiedeva la Società di metapsichica. Di carattere non accomodante, non ebbe figli. Si era sposato con Agostina Pietrafesa, di cui adottò il nipote, Ruggero, morto una decina di anni fa travolto da un'auto in corso Francia, mentre attraversava la strada per andare dal giornalaio."

"Finalmente, il 4 giugno 1944 arrivarono gli Alleati."

"Sì, però non me ne rallegrai, come avevo sognato per mesi e mesi. Due giorni prima era morta mia madre," conclude Mendicini.

43.

"Cosa hai fatto dopo la guerra?" chiedo a Iole.

"Sono andata a vivere dai miei suoceri."

"Ne eri contenta?"

"Capirai. Con mia suocera ci davamo del lei."

La retorica nazionale incensa il vitalismo della ripartenza, l'Italia che ricostruisce se stessa dalle macerie ed edifica con energia miracolosa la repubblica dopo il buio del Ventennio. Gli italiani si predispongono al boom economico e Iole va a vivere dai suoceri.

"Andammo lì per risparmiare sull'affitto, la loro casa era grande ed Ernesto doveva ancora laurearsi. Lui però aveva poca voglia di studiare, preferiva dedicarsi al partito. Era sempre stato una buona forchetta, ora mangiava lo stretto necessario, si lamentava, afflitto da acciacchi, malesseri imprecisati, cefalee, nausee, vertigini. Prendemmo possesso della sua stanza da ragazzo e la notte si svegliava di soprassalto, tormentato da incubi misteriosi. Ogni tanto sarei voluta andare a ballare, ma a lui non piaceva, così ci andavo con i miei fratelli. Mollò gli studi, si trovò un impiego, in un ufficio statale in via Boncompagni, assunto dal ministero del Lavoro e della Previdenza sociale. Si buttò anima e corpo nella vita del Partito comunista, come dirigente nella sezione dei Parioli, nel cuore della Roma borghese. La sera, terminati i direttivi, andavamo insieme a mangiare la pizza. Conobbi lì i compagni dei Gap, Sasà Bentivegna e Carla Capponi, Franco Calamandrei e Maria Teresa Regard, nacquero amicizie per la vita, saldate da quell'esperienza estrema che si era vissuta insieme pur senza mai incontrarci. C'è una foto bellissima di gruppo, poi riprodotta in tanti libri, dove ci sono tutti, finalmente liberati dall'angoscia della guerra. Ernesto lì sorride. Nel giugno del 1946 ci fu il referendum, naturalmente scegliemmo la repubblica. Per la prima volta, alle amministrative della primavera di quell'anno, noi donne potemmo votare. Il profumo della democrazia era inebriante. Eravamo entrati in un'epoca nuova, di libertà, di possibilità mai viste prima. Ero pazza di Ernesto, che trovavo bello come un attore, e lui era orgoglioso del coraggio che avevo mostrato in via Tasso: avevo resistito, non avevo parlato, tenendo testa alle angherie di Priebke. Avevo salvato lui, ma anche gli altri. Però facevo fatica a ritrovarmi, stare dai suoceri mi pesava ed Ernesto mi pareva cambiato.

"'Cos'hai?' gli chiesi una notte, dopo che si era svegliato agitato. 'Cosa stavi sognando?'

"'Mi stavano picchiando,' disse.

"'Chi?' gli domandai.

"'Loro,' rispose.

"Fu difficile tirargli fuori le parole. E le parole, capii subito, non sarebbero state adeguate. Nella pensione Jaccarino gli aguzzini della banda Koch gli avevano tolto la gioia di vivere. Koch sospettava che non fosse un ladro. Uno studente non va a rubare. Pertanto, lo prelevava da Regina Coeli e lo conduceva nel suo ufficio. A guerra finita, certe sere, uscita dal lavoro andavo dinanzi a quella pensione in via Romagna, come in una sorta di pellegrinaggio. Volevo capire. Mi chinavo sulla fessura che consentiva di guardare dentro la carbonaia: era lì, in quella cantina umida, che lo avevano umiliato. Attorno a me la gente camminava spedita, tutti all'improvviso avevano addosso una gran frenesia: volevano arrivare da qualche parte. E io cercavo soltanto delle risposte. Fu proprio lì che la vidi, mentre, tutta elegante, osservava le vetrine di via Romagna: Maria Denis."

Maria Guani Beomonte, nota come Maria Denis, era stata un'attrice celebre durante il fascismo. La diva dei telefoni bianchi, "la fidanzatina d'Italia", la più popolare insieme ad Alida Valli. Il volto da bambolina dentro un corpo da pin up faceva palpitare il cuore degli uomini quando appariva sul grande schermo. Si diceva che Pietro Koch fosse follemente invaghito di lei.

"Ernesto mi raccontò che Maria Denis era sulle ginocchia di Koch quando questi lo interrogava," s'indigna Iole. "Era un'immagine che lo tormentava, forse più dei dolori atroci subiti nel corso delle violenze. Non si dava pace per l'umiliazione. Così quando la vidi la rincorsi e le urlai: 'Sei ancora a piede libero, vigliacca!'. Lei si girò di scatto, mi guardò atterrita, non disse nulla, accelerò il passo e scomparve. Un signore che aveva assistito alla scena mi domandò: 'Ma quella era la Denis?'."

Il 5 aprile 1946 – a Milano si svolgeva il processo alla banda Koch – Maria Denis venne arrestata per collaborazionismo mentre si trovava sul set del film *Cronaca nera.* "Perché mai frequentava la famigerata pensione Jaccarino?" si domandò all'indomani "Milano Sera". Nell'aprile del 1944 Koch aveva fatto arrestare il regista Luchino Visconti e lo aveva condotto nella pensione Jaccarino. Denis si spese allora per salvare il cineasta, di cui era innamorata, ma negò sempre di avere avuto una relazione con Koch. Visconti venne trasferito all'ospedale di San Gregorio e si salvò. L'accusa di collaborazionismo cadde: il sostituto procuratore del re, Alberto Marucci, la prosciolse in istruttoria e ne ordinò la scarcerazione. "Nessuna prova sussiste a carico della Beomonte quale informatrice e delatrice del reparto, unica veste che consentirebbe di incriminarla."

Tuttavia, Iole la sua sentenza morale l'aveva scolpita nel cuore. "Ernesto parlò con molte riserve di quel che gli avevano fatto. Era esitante, trattenuto. Con gli scarponi gli erano saliti sul torace per indurlo a confessare. Oppure lo strangolavano fino a renderlo cianotico. Koch non aveva prove e così infieriva su di lui. Che fosse davvero dei Gap lo si seppe soltanto grazie alla delazione di Blasi, ma ciò venne fuori proprio quando Ernesto si era messo al sicuro, evadendo da Regina Coeli. Ancora un giorno o due e i nazisti lo avrebbero prelevato. Misero poi una taglia esorbitante su di lui. Queste cose le lessi sui libri successivamente, altre vennero fuori dai discorsi dei suoi compagni, per scampoli, accenni, allusioni. Ernesto non voleva tornarci sopra.

"Non volle più laurearsi. Lasciò gli studi di Medicina, si iscrisse a Legge, ma poco dopo mollò anche quella. Rinunciò a diventare medico, che era stato il suo sogno da ragazzo. Ero disorientata. Intensificò l'attività politica, lo vedeva come un impegno morale, la prosecuzione della sua attività di partigiano. Ogni tanto canticchiava una canzone che aveva imparato in carcere – *La famiglia dei Gobon*, credo che si chiamasse –, era in dialetto veneto, ne ridevamo. Sprazzi rari. Ormai si era immalinconito. Smise di scrivere poesie. Credo che come uomo si fosse sentito calpestato."

Calpestato. Con gli stivali dei fascisti.

Per contenere il dolore quando gli salivano addosso, aveva imparato a fare un respiro profondo. Gli sembrava che così facesse un po' meno male, disse. Uscì da via Romagna con le costole incrinate, si era ingobbito, lui che era sempre stato un marcantonio.

"A casa andava sempre peggio. Mia suocera non voleva che facessimo figli."

"Perché?" le chiedo.

“Perché voleva che Ernesto si concentrasse sulla carriera, o forse non voleva darmi soddisfazione. Io ero completamente assorbita dal mio lavoro e facevo finta di non pensarci, andavo ogni giorno nel laboratorio vicino all’Hotel Excelsior, in via Veneto. Mia suocera mi propose di lavorare in cantina, con la luce artificiale in modo da restare sempre a casa. ‘Qui non ci si muove,’ tagliai corto. Poi Ernesto trovò lavoro all’Agenzia delle entrate. Non c’entrava niente con le sue ambizioni, ma decise di sistemarsi così. Non voleva più lottare. Si rintanava nello studio del padre, e io lo osservavo dalla porta socchiusa, provando a immaginare cosa gli passasse per la testa. Cominciai a soffrire di acidità di stomaco. Scoprii che non avrei potuto avere figli. L’ostetrica mi disse che avevo l’utero infantile. Mi colse un grande avvilimento. Un altro importante progetto andò in frantumi.

“Ero piena di fiele. Mia suocera quasi quasi mi prendeva in giro. Aveva un fondo di cattiveria che non dissimulava.”

“Come te lo spieghi?” insisto stupito.

“Gli avevo rubato il figlio, ecco perché!” grida Iole. “Per una giovane sposa dividere lo stesso tetto con i suoceri è dura. La madre di Ernesto mi faceva sentire indesiderata. Eravamo in cinque, più la cameriera, il cane e i gatti. I primi tempi, quando avevano degli ospiti, mi costringeva a fare la pasta all’uovo, così di punto in bianco tornavo utile. La prima volta m’impegnai allo spasimo, cucinai le tagliatelle sottili, un ragù indimenticabile, i commensali mangiarono di gusto e si complimentarono con la cuoca. Ne fu invidiosa, aveva sempre la puzza sotto il naso. Quando eravamo a tavola piazzava il gatto nel posto lasciato libero tra me e lei. Vedere il gatto che alzava la zampetta sul piatto mi faceva venire il voltastomaco. Avevano anche un cane, Ponpon. Una sera tornai dal laboratorio stanca morta, entrai nella mia stanza e sentii una puzza nauseante. Ponpon l’aveva fatta sotto il nostro letto. Non ci vidi più.”

"Ma Ernesto non ti difendeva?" chiedo.

"Ernesto era concentrato sul suo dolore. Lavorava moltissimo. Quando rientrava dal lavoro, si cambiava e andava in sezione. Il Pci è diventato un partito di massa anche grazie al sacrificio di gente come lui. Presi la tessera anch'io. La bellezza della libertà ritrovata, di poter esprimere un'opinione senza rischiare la galera, di battersi per le proprie idee era miracolosa, contrastava con le difficoltà del mio matrimonio. Avevo nostalgia della mia famiglia. Da noi era mia madre che governava la casa, non la cameriera cui mia suocera demandava tutto. Mamma alle otto era già al mercato, faceva la spesa in via del Lavatore, sotto le mura del Quirinale, mentre mia suocera soltanto a mezzogiorno, dopo l'ennesimo solitario, si ricordava che bisognava preparare il pranzo. E quando quel povero marito scendeva dall'ufficio che aveva affittato sopra il loro appartamento, lei era sempre in affanno, perché la cameriera era appena tornata dal mercato di via Alessandria. Quindi si pranzava regolarmente alle 14.30. Durante la guerra aveva fatto la scorta di viveri, a Lanuvio, il paese del marito, e li aveva stipati in cantina. Erano talvolta scaduti, ma lei si ostinava a metterli in tavola. Aveva una sorella che se la passava male, ma non le diede mai una salsiccia. Raccontai tutte queste cose a mia madre. 'Vieni via da lì. Sei secca come un chiodo, ti stai ammalando,' mi disse."

44.

"Quanti anni siete rimasti dai suoceri?" chiedo a Iole.

"Due anni. Poi convinsi Ernesto a traslocare. Ci trovammo un appartamento in via Sistina. Era comodo per entrambi, anche se piuttosto caro, e io ero vicina alla mia famiglia, il mio rifugio. Pagavamo sessanta lire al mese, ma finalmente non avevo più la suocera tra le scatole. Ernesto aveva il fegato ingrossato. Come marito funzionava poco. Mi giunsero voci che si vedeva con ragazze cui faceva lezioni in sezione. Era misterioso, il che lo rendeva affascinante. Non so cosa cercasse in quelle distrazioni, una via di fuga da se stesso, forse. Un bisogno di emozioni che gli scarponi avevano stroncato. Erano loro, quelle compagne, a corrergli dietro, lo so bene, lui però non faceva nulla per impedirglielo. Affrontai l'argomento, ma lui minimizzò. Voi uomini avete mille tentazioni, si sa, fate le marachelle. Lo raccontai piangendo a mamma. Mi disse: 'L'importante è che la sera torni da te'. Una volta che una di queste ragazze lo chiamò al telefono di casa, lo affrontai a muso duro: 'O te ne vai tu, o me ne vado io'. 'Iole, sei tu il mio amore, non potrò mai lasciarti,' disse. Era bravo con le parole e, a modo suo, anche sincero. Senza di me si sentiva perduto. Penso che un matrimonio sia una oscura prova di pazienza, bisogna conoscersi benissimo per reggerla. Un uomo e una donna, fino a quel momento due sconosciuti, s'incontrano, non sanno nulla l'uno dell'altra, s'innamorano. Poi, una volta sposati, bisogna convivere. Condividere lo stesso letto, le diverse preferenze per il cibo, le più spaiate abitudini, in un costante esercizio di equilibrismo. Se non c'è forza interiore, fede in se stessi e nell'altro, l'equilibrio si spezza. Se uno è più testardo, l'altro deve sottrarsi alla competizione, altrimenti la tensione non scema: due cocciuti, schiavi del proprio orgoglio, finiranno per distruggersi. La sera bisogna coricarsi senza rabbia. Con Ernesto discutemmo a lungo. Riflettei seriamente su un'eventuale rottura. Ero stufa. Non volevo però nemmeno buttare all'aria tutto quello che avevamo costruito. Avrei potuto gridargli: 'Le nostre strade si dividono qui', ma così avrei cestinato anche le tante cose belle che il nostro incontro ci aveva regalato. Una persona a cui si vuol bene non la si può giudicare soltanto da un gesto."

"Le nostre strade si dividono qui" era la frase che, all'inizio della mia conoscenza con Iole, quella donna aveva urlato al ragazzo davanti al bancomat di largo Fochetti. Un segno.

"Con gli anni sessanta, il nostro stile di vita divenne più agiato, Fellini girò *La dolce vita*. Ernesto ora lavorava in un ufficio dietro al Colosseo. Lo convinsi ad andare a vivere alla Balduina. La sua inquietudine sembrava placata.

"L'11 gennaio 1966 squillò il telefono. Era Ruggero Pietrafesa, il compagno di studi di Ernesto, la voce incerta, come spezzata. 'Che succede?' gli dissi, allarmata. 'Ernesto è in ospedale.' Nell'alzare la saracinesca del suo ufficio era stato colto da un infarto. 'Portami da lui!' gli urlai. 'Meglio di no, Iole, è meglio se non lo vedi.' 'Portami da lui,' insistetti. Mi colse violenta una crisi di pianto. Ruggero venne a prendermi, corremmo al pronto soccorso del San Giovanni, ma non me lo fecero vedere. Era una mattina di gelo. Ci venne incontro un medico che disse con voce grave che Ernesto non ce l'aveva fatta. L'ultima immagine che mi rimane è lui mentre esce di casa, dopo che avevamo fatto colazione insieme, e mi dice: 'Ciao Iole'."

Ernesto Borghesi se n'è andato un giorno d'inverno, a quarantanove anni. Iole si alza e scompare ciabattando di là. Torna con tre fogli. Gli articoli dei giornali di quei giorni e il necrologio della famiglia, apparso sul "Messaggero".

L'articolo di "Paese Sera", intitolato "Oggi i funerali di Ernesto Borghesi", recita così: "Quello che sembrava un banale malessere si è rivelato fatale per Ernesto Borghesi. Era conosciuto per essere stato un eroico protagonista della Resistenza antifascista. Accompagnato da Natalino Capogna, è arrivato martedì verso le 8.50 al San Giovanni su un'autoambulanza della Croce Rossa. Il Borghesi era stato colto da malore mentre svolgeva il suo lavoro in un ufficio alle dipendenze del ministero dei Lavori pubblici in via San Giovanni in Laterano 210. Natalino Capogna, suo collega, l'ha soccorso. All'ospedale i medici non hanno ritenuto il suo stato tanto grave. Ma nella giornata di ieri Ernesto è peggiorato. Alle 14.20 per lui non c'era più niente da fare: era spirato".

"La morte del compagno Borghesi" è il titolo del trafiletto apparso sull'"Unità": "Si è spento ieri il compagno Ernesto Borghesi, della sezione Ludovisi. Entrato giovanissimo nelle file del partito, Ernesto non disarmò dinanzi alla violenza fascista continuando nel suo prezioso lavoro di organizzazione. All'indomani dell'8 settembre, dopo essere entrato a far parte dei Gap che operarono a Roma, e aver partecipato a numerosi scontri a fuoco, fu arrestato dai nazisti e liberato poi soltanto a guerra finita. Subito dopo la Liberazione riprese la sua attività di instancabile organizzatore e per vari anni fu segretario della sezione Ludovisi. I funerali del compagno Borghesi si svolgeranno oggi alle 15, muovendo dalla cappella mortuaria dell'ospedale San Giovanni. Ai familiari dello scomparso le sentite condoglianze dei compagni della sezione Ludovisi e della nostra redazione".

L'articolo dell'"Unità" mi irrita. Il primato della politica che prevale su quello dell'uomo. Il partito! Il partito! Restituisco con fastidio i ritagli a Iole. "Questa storia quindi non ha un lieto fine," le dico.

Epilogo

"Questa storia non ha un lieto fine." Volevo chiudere così. Per molte settimane ho pensato che fosse un finale cinematografico, secco e definitivo. Ne ero compiaciuto, perché convinto di aver trovato il senso ultimo che andavo cercando. La realtà non collima con quel che abbiamo desiderato. La realtà è scadente. Ernesto e Iole ne erano la prova. La guerra non era mai finita, la guerra era proseguita tra loro. Le ferite si erano annidate nell'anima di Ernesto fino a corroderlo. C'era stata la felicità per la Liberazione – la grandezza inimitabile della ricostruzione del paese, certo –, ma era un fatto collettivo che non teneva in alcun conto le afflizioni dei singoli che avevano contribuito a conquistarla, quella libertà. Ernesto Borghesi era morto di dolore.

Non lo farò, invece. È esattamente quello da cui stavo scappando: una risposta facile a una domanda complessa. Non rappresenta Iole, farei un torto a lei che ha attraversato il Novecento come dentro un libro di avventure. Il suo romanzo è stato più sfaccettato, più tormentato se possibile. La mia chiusa sarebbe stata efficace, ma l'avrebbe imprigionata nel luogo comune del giornalismo. C'era stato molto dispiacere, non ne dubito, e le cose non erano andate come le aveva sognate da ragazza, prima della guerra. L'occupazione nazifascista di Roma aveva cambiato le carte in tavola, sovvertito i propositi, ma il destino, che a volte ti salva e a volte no, aveva avuto le sembianze di un camion in avaria. Iole era stata capace di conferire un significato profondo a quel momento fatale. Aveva trasformato il dolore in una fiammella sempre accesa. Si era medicata con l'ironia.

Nel 1967, un anno dopo la morte improvvisa di Ernesto, Iole conosce un altro uomo, un pittore di origine bulgara, Ilia Peikov. Si sono visti una prima volta a una cena organizzata da suo fratello Renzo, di cui l'artista è amico. Ilia è fratello di uno scultore famoso, Assen Peikov, che costruirà la statua bronzea di Leonardo da Vinci all'aeroporto di Fiumicino. Nati entrambi a Sofia, si trasferiscono nel nostro paese nel 1943, divenendo due protagonisti della vita culturale romana. Ilia non nasconde il suo interesse per Iole, sin da quell'iniziale convivio. Quando, un pomeriggio d'inverno, Iole mi mostra le sue foto, provo per lui un'istintiva simpatia. Un bel tipo. Mustacchi ottocenteschi. Sguardo vivo, curioso. Corpo virile. Prende a corteggiarla furiosamente. Iole ha quarantasei anni ed è ancora "una bella figliola", come tiene a precisare. È lusingata da quell'arrembaggio. Ilia le telefona adducendo futili pretesti, si offre di risolverle i guai domestici, la invita a bere il caffè nel suo studio di via Margutta, o alle mostre che allestisce in giro per l'Italia. Lei lo lascia fare. Il suo calore la confonde. Inizia ad accettare inviti innocenti. È ancora giovane per pensare di rinchiudersi nel rimpianto, ma certo non intende cacciarsi in un altro guaio. Del resto gli spasimanti non le mancano. "Non sai che mercato hanno le vedove," mi dice ridendo.

"Chi erano questi corteggiatori?" le domando.

"Marchesi e conti. Non chiedermi perché l'aristocrazia era così attratta da me anche in età matura. Signori boriosi che ho sempre respinto. Continuai a lavorare anima e corpo. Iniziai la collaborazione con i migliori sarti, tra cui Valentino, che un giorno mi omaggiò dinanzi alla sua squadra: 'La principessa delle sottogonne,' si complimentò." Iole arrossisce come una scolaretta. "Ilia m'incuriosiva. Era sincero nella sua umanità." Un giorno del 1969 Iole capitola. "Ho riscoperto una cosa che avevo smarrito: il sesso. Mi ha fatto sentire bellissima. Abbiamo cominciato a viaggiare. Riceveva inviti anche dall'estero, siamo andati in Germania, Olanda, Belgio, Lussemburgo, ho conosciuto gente altolocata, frequentato le ambasciate. Abbiamo attraversato insieme gli anni settanta, il terrorismo insanguinava le città, l'Italia si era fatta cupa, la gente aveva paura, non usciva la sera, averlo vicino mi è stato di conforto. Nel corso degli anni ottanta, è dilagata una selvaggia euforia. Ilia dipingeva senza pause e io ho iniziato a fare i conti con la pensione. Ognuno ha sempre vissuto a casa sua, io alla Balduina, lui a Monte Mario, e questo è stato un bene. Una mattina di primavera del 1988, mentre ero a casa a cucire un tailleur, il giornale radio ha annunciato che era 'deceduto il pittore Ilia Peikov'. Ho cacciato un urlo. Ho spento l'apparecchio, ho composto il numero del suo studio, non ha risposto nessuno. Era collassato per strada, stroncato da un infarto a settantasette anni, mentre era diretto allo studio in piazza della Pigna. Il calendario segnava il 7 aprile, la stessa data dell'arresto di Ernesto, che aveva sancito l'inizio della fine."

Penso che i sentimenti che Iole ha provato per Ilia non fossero gli stessi che nutrì per Ernesto. Nulla poteva competere con la potenza dell'incontro sulla spiaggia di Anzio nell'agosto del '37 e di quel patto sancito nel letto di sposi nell'ora più drammatica della Resistenza. Tuttavia, quello con Ilia è stato un amore maturo che ha dato un senso allo scorrere del tempo. Dalla morte del compagno, Iole vive circondata dall'affetto degli amici. Il suo telefono squilla senza pace. I nipoti Sergio e Daniela continuano a chiamarla zietta. Adriana la punzecchia. I compagni dell'Anpi si offrono di farle da autisti. Cucina per gli amici, va per mostre o al cinema, si indigna vedendo Salvini o Meloni in tv. Per i cent'anni, un soffio prima del lockdown, le hanno organizzato una bellissima festa. Il presidente Sergio Mattarella l'ha nominata grande ufficiale. Riceve moltissimi inviti dalle scuole, le nuove generazioni vogliono finalmente sapere, gli studenti rimangono ammirati dalla signora con il fazzoletto da partigiana annodato al collo.

Nel salotto l'autoritratto di Ilia è appeso sulla parete opposta a quella di Ernesto. È come se i due uomini dialogassero tra loro. In certi giorni di abbandono Iole si piazza in mezzo alla stanza e s'intromette nel discorso. "Bisogna saper ascoltare, saper perdonare," mi ha detto una delle ultime volte che ci siamo visti, a proposito del marito. Non c'è lieto fine, è semplicemente la vita. Mentre noi ci sentiamo sempre orfani di qualcosa e inseguiamo il tassello mancante, dimenticando la bellezza di quel che abbiamo costruito, Iole si è accettata.

Bibliografia

Opere generali

AA.VV., *Roma città aperta. I nove mesi della prigionia di Roma e della Resistenza romana*, numero speciale di "Capitolium", a. 39, n. 6, giugno 1964, Arti Grafiche Vecchioni&Guadagno, Roma.

AA.VV., *Il sole è sorto a Roma. Settembre 1943*, patrocinato dall'Associazione nazionale partigiani d'Italia, Roma 1965.

AA.VV., *Dizionario della Resistenza*, a cura di Enzo Collotti, Renato Sandri e Frediano Sessi, Einaudi, Torino 2000.

AA.VV., *Roma in guerra 1940-1943*, in "Roma moderna e contemporanea", settembre-dicembre 2003.

AA.VV., *Roma durante l'occupazione nazifascista*, Franco Angeli, Milano 2009.

Mario Avagliano, *Il partigiano Tevere*, Avagliano Editore, Cava dei Tirreni 1996.

Mario Avagliano, Marco Palmieri, *Paisà, sciuscià e segnorine. Il Sud e Roma dallo sbarco in Sicilia al 25 aprile*, il Mulino, Bologna 2021.

Norberto Bobbio, *Eravamo ridiventati uomini. Testimonianze e discorsi sulla Resistenza in Italia*, Einaudi, Torino 2015.

Giovanni Cadioli, *L'8 settembre 1943*, in "La Gazzetta dello Sport", 2021.

Italo Calvino, *Il sentiero dei nidi di ragno*, Einaudi, Torino 1993.

Francesco Chicco, Gigi Livio, *1922-1945. Sintesi storica e documenti del fascismo e dell'antifascismo italiani*, Paravia, Palermo 1970.

Davide Conti, *Guerriglia partigiana a Roma. Gap comunisti, Gap socialisti e Sac azioniste nella Capitale 1943-1944*, Odradek, Roma 2016.

Silviero Corvisieri, *Bandiera rossa nella resistenza romana*, Odradek, Roma 2005.

Giancarlo De Cataldo, *Il combattente. Come si diventa Pertini*, Rizzoli, Milano 2014.

Cesare De Simone, *Roma città prigioniera*, Mursia, Milano 1994.

Victor Failmezger, *Roma nel terrore. L'occupazione nazista 1943-1944*, Leg, Gorizia 2020.

Natalia Ginzburg, *Le piccole virtù*, Einaudi, Torino 1962.

Lutz Klinkhammer, *L'occupazione tedesca in Italia*, Bollati Boringhieri, Torino 2016.

Dan Kurzman, *Obiettivo Roma*, Dall'Oglio Editore, Varese 1977.

Aurelio Lepre, *Le illusioni, la paura, la rabbia. Il fronte interno italiano 1940-1943*, Edizioni scientifiche italiane, Napoli 1989.

Aurelio Lepre, *Storia degli italiani nel Novecento*, Mondadori, Milano 2003.

Primo Levi, *I sommersi e i salvati*, Einaudi, Torino 1986.

Anthony Majanlahti, Amedeo Osti Guerrazzi, *Roma occupata 1943-44*, il Saggiatore, Milano 2010.

Riccardo Mariani, *Borsari neri in Roma città aperta*, Nuova editrice Spada, Roma 1989.

Eitel Friedrich Moellhausen, *La carta perdente. Memorie diplomatiche 25 luglio 1943-2 maggio 1944*, Sestante, Roma 1948.

Paolo Monelli, *Roma 1943*, Einaudi, Torino 1993.

Elsa Morante, *La storia*, Einaudi, Torino 1974.

Benedetto Pafi, Bruno Benvenuti, *Roma in guerra: immagini inedite settembre 1943-giugno 1944*, presentazione di Gabriele Panizzi, prefazione di Antonello Trombadori, Oberon, Roma 1985.

Marco Patricelli, *Il nemico in casa. Storia dell'Italia occupata 1943-1945*, Laterza, Roma-Bari 2014.

Cesare Pavese, *La casa in collina*, Einaudi, Torino 1948.

Aldo Pavia, *Cronologia della Resistenza a Roma*, consultabile online.

Santo Peli, *Storie di Gap*, Einaudi, Torino 2014.

Arrigo Petacco, *Come eravamo negli anni di guerra*, Utet, Novara 2015.

Maurizio Piccirilli, *Carabinieri Kaputt!*, All Around, Roma 2019.

Enzo Piscitelli, *Problemi e ricerche per una storia della Resistenza romana*, Convegno sulla Resistenza promosso dall'amministrazione provinciale di Roma, 23-25 ottobre 1964.

Enzo Piscitelli, *Storia della Resistenza a Roma*, Laterza, Roma-Bari 1965.

Alessandro Portelli, *L'ordine è già stato eseguito. Roma, le Fosse Ardeatine, la memoria*, Feltrinelli, Milano 2012.

Gabriele Ranzato, *La liberazione di Roma. Alleati e Resistenza*, Laterza, Roma-Bari 2019.
Nuto Revelli, *La guerra dei poveri*, Einaudi, Torino 1962.
Steven J. Zaloga, *La via per Roma*, Osprey Publishing, Milano 2008.

Su via Tasso

Giovanni Curatola, *La morte ha bussato tre volte. Diario di un torturato dell'inferno di via Tasso*, Donatello De Luigi Editore, Roma 1944.
Angelo Ioppi, *Non ho parlato. Storia di un carabiniere torturato dai nazisti*, Minerva Edizioni, Bologna 2014.
Arrigo Paladini, *Via Tasso. Museo storico della Liberazione di Roma*, Istituto poligrafico Zecca dello Stato, Roma 1986.
Guglielmo Petroni, *Il mondo è una prigione*, Abbot, Roma 2020.
Fabio Simonetti, *Via Tasso. Quartier generale e carcere tedesco durante l'occupazione di Roma*, Odradek, Roma 2016.
Guido Stendardo, *Via Tasso. Museo storico della lotta di liberazione di Roma*, Tipografica Castaldi, Roma 1965.

Sulla banda Koch

Massimiliano Griner, *La banda Koch: il reparto speciale di polizia, 1943-1944*, Bollati Boringhieri, Torino 2000.
Aldo Lualdi, *La banda Koch*, Bompiani, Milano 1972.

Memorie, diari

AA.VV., "Mercurio", n. 4, dicembre 1944.
AA.VV., *Le quattro ragazze dei Gap, Carla Capponi, Marisa Musu, Lucia Ottobrini, Maria Teresa Regard*, in "Il Contemporaneo", nn. 77, 78, 79, 1964.
AA.VV., *L'Italia partigiana*, antologia a cura di Sergio Luti e Sergio Romagnoli, Longanesi, Milano 1975.
AA.VV., *Donne a Roma 1943-1944: memorie di una indomabile cura per la vita*, Coop Libera Stampa, Roma 1996.
Susanna Agnelli, *Vestivamo alla marinara*, Mondadori, Milano 1975.

Sibilla Aleramo, *Un amore insolito. Diario 1940-1944*, Feltrinelli, Milano 1979.

Giorgio Amendola, *Lettere a Milano 1939-1945*, Editori Riuniti, Roma 1973.

Rosario Bentivegna, *Achtung Banditen!*, Mursia, Milano 2004.

Rosario Bentivegna, *Senza fare di necessità virtù. Memorie di un antifascista*, Einaudi, Torino 2011.

Palma Bucarelli, *1944. Cronaca di sei mesi*, De Luca Editori d'Arte, Roma 1997.

Franco Calamandrei, *La vita indivisibile. Diario 1941-1947*, Editori Riuniti, Roma 1984.

Alberto Canaletti, *Un diario della Resistenza romana*, Ars Nova, Roma 1965.

Carla Capponi, *Con cuore di donna*, il Saggiatore, Milano 2009.

Enrico Deaglio, *La banalità del bene. Storia di Giorgio Perlasca*, Feltrinelli, Milano 1993.

Giacomo Debenedetti, *16 ottobre 1943*, Sellerio, Palermo 1993.

Maria Denis, *Il gioco della verità. Una diva nella Roma del 1943*, Baldini&Castoldi, Milano 1995.

Eugen Dollmann, *Roma nazista 1937-1943*, Rizzoli, Milano 2002.

Beppe Fenoglio, *Una questione privata*, Einaudi, Torino 1986.

Umberto Ferrari, *Risorgimento e Liberazione: diario di Roma 1943-1944*, Gruppo editoriale internazionale, Roma 1994.

Mario Fiorentini, *Sette mesi di guerriglia urbana. La Resistenza dei Gap a Roma*, a cura di Massimo Sestili, Odradek, Roma 2015.

Enzo Forcella, *Celebrazione di un trentennio*, Arnoldo Mondadori, Milano 1974.

Enzo Forcella, *La Resistenza in convento*, Einaudi, Torino 1999.

Ada Gobetti, *Diario partigiano*, Einaudi, Torino 1956.

Robert Katz, *Roma città aperta*, il Saggiatore, Milano 2003.

Leo Longanesi, *In piedi e seduti*, Longanesi, Milano 1980.

Marisa Musu, *La ragazza di via Orazio*, Mursia, Milano 1997.

Adriano Ossicini, *Un'isola sul Tevere. Il fascismo al di là dal ponte*, Editori Riuniti, Roma 2019.

Sandro Pertini, *Sei condanne due evasioni*, Mondadori, Milano, 1974.

Luigi Pintor, *Servabo*, Bollati Boringhieri, Torino 1991.

Padre Libero Raganella, *Senza sapere da che parte stanno: ricordi dell'infanzia e il diario di Roma in guerra 1943-1944*, Bulzoni, Roma 2000.

Fulvia Ripa di Meana, *Roma clandestina*, Kaos Edizioni, Milano 2000.

Alberto Savinio, *Nuova enciclopedia*, Adelphi, Milano 1977.
Peter Tompkins, *Una spia a Roma*, il Saggiatore, Milano 2002.
Peter Tompkins, *L'altra Resistenza. Servizi segreti, partigiani e guerra di liberazione nel racconto di un protagonista*, il Saggiatore, Milano 2009.
Carlo Trabucco, *La prigionia di Roma: diario dei 268 giorni dell'occupazione tedesca*, Borla, Roma 1945.
Italo Zingarelli, *Il terzo braccio di Regina Coeli*, Staderini Editore, Roma 1944.

Filmografia

Roma città aperta, regia di Roberto Rossellini, 1945.
Tutti a casa, regia di Luigi Comencini, 1960.
I torturati di via Tasso, documentario di Gianni Bisiach per la Rai. Visibile sul portale storico della presidenza della Repubblica.

Indice dei nomi

Indice